饿是一切饮食高潮的缠绵前戏

图书在版编目（CIP）数据

食我 / 梦遥著.—南宁: 广西科学技术出版社, 2014.8
ISBN 978-7-5551-0140-6

Ⅰ. ①食… Ⅱ. ①梦… Ⅲ. ①餐馆—介绍—北京市 Ⅳ. ① F719.3

中国版本图书馆 CIP 数据核字（2014）第 051570 号

SHI WO
食我

作　　者: 梦　遥		书籍设计: 孙振华	
封面摄影: 刘展耘		内文摄影: 陈辉州	
责任编辑: 李　竹　钱　冰		责任校对: 曾高兴　田　芳	
责任印制: 陆　弟		营销推广: 芦　岩	

出 版 人: 韦鸿学　　　　　　　　　　出版发行: 广西科学技术出版社
社　　址: 广西南宁市东葛路 66 号　　　邮政编码: 530022
电　　话: 010-53202557（北京）　　　0771-5845660（南宁）
传　　真: 010-53202554（北京）　　　0771-5878485（南宁）
网　　址: http://www.ygxm.cn　　　　　在线阅读: http://www.ygxm.cn

经　　销: 全国各地新华书店
印　　刷: 北京尚唐印刷包装有限公司　　邮政编码: 100162
地　　址: 北京市大兴区西红门镇曙光民营企业园南 8 条 1 号
开　　本: 710mm×980mm　1/16
字　　数: 150 千字　　　　　　　　　印　　张: 16
版　　次: 2014 年 8 月第 1 版　　　　　印　　次: 2014 年 8 月第 1 次印刷
书　　号: ISBN 978-7-5551-0140-6
定　　价: 42.00 元

梦遥和我在香港九龙城的菜市场吃早餐，看到她狼吞虎咽，又见她在节目中吃个不停，一点也不胖，想起我年轻时也一样，不禁笑了出来。

蔡 澜
美食家、专栏作家、电视节目主持人 @蔡澜

中国从不缺少美食，缺少的是善于发现美食的人。梦遥很年轻，从出道开始，就一直在寻找美食的小径上奔走，很辛苦也很勤奋。这里分享的是她几年来的心得，淘洗于舌尖，积淀在心头。

陈晓卿
纪录片制作人、美食专栏作家 @陈晓卿

梦遥是京城的名嘴，不仅能说会道，更是因为这张嘴有着很好的辨味能力。和梦遥搭档做过许多次和美食有关的节目，佩服她有吃东西不长肉的内功，同时也为她对味道的见识折服。这本书是梦遥几年来走过京城上千家餐厅后的心水推荐，我去过的，认同她的评价；没去过的，准备按图索骥一家家去吃！

董克平
央视《中国味道》总顾问 @董克平

美食和美女，是我们与这个转折、剧变、多元社会达成的最后的共识，只有在这里，我们才能找到朴素生命的温暖与美好。

刘 春
资深媒体人 @刘春

秀色可餐，美文耐嚼，看美女写美食，不亦乐乎？！

沈宏非
自由撰稿人 @沈宏非

尽管美女只可梦中遥望，但按美文索美食，已属我等吃货最好的三分之二理想了。

宋 柯
麦田音乐创始人 @老宅的男

按姓名拼单字母排序，排名不分先后。

正点

早点晚点，都是正点。

饥和饿是两种不同的状态。饥是身体的饿，饿是心里的饥。这就能解释为什么吃饱了还要吃瓜子。最好的食物是从身体潜入心里镇压你的法器。

我们很少研究欲望，它与生俱来，既然赶不走灭不掉，就由它张狂。有人镇压，有人屈服，为何不退开半步，暖暖看着自己的欲望发作的样子。欲望像是有生命的独立存在，有时躲起来，你以为它消失了，其实它无时无刻不在修炼自己。时辰一到，立刻冲出来，用相扑选手一样的身躯，把你碾压在它的吨位之下。我们要么故作反抗，要么在反抗中闭眼呻吟。被征服之后觉得沮丧，充满负罪感，但你知道，被欲望征服的快感其实是真实存在的。这简直就是我们人生的缩影。在挑逗，等待，征服，被征服之间循环往复地轮回。相信还有一些其他情怀，欲望不能满足时的恐惧，满足一半的贪婪，怀疑。一个个剥离开来，就是贪嗔痴。

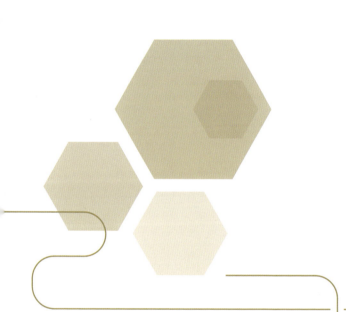

如果我们正襟危坐，看着自己的欲望轮回，人生就会产生新的可能。那就是我们可以过得更高级，先迎合，后引导。在每日轮回的饱与饿之间，修炼一颗禅定的心。不对下一餐充满焦虑，只活在当下。

过往不恋，未来不迎，当下不杂，所谓食我的修行，应作如是观。

梁 冬

正安康健创始人 @梁冬

有时候美味会来找我们，
但更多时候，
我们都走在寻找美味的道路上

从没想过自己会成为美食节目的主持人，而且一吃就是七年。每年我走访的餐厅不下三四百家，这要感谢老天爷赏饭吃，给了我一副怎么吃也吃不胖的身材，惹得无数羡慕眼光，但这其中的痛苦你们看不到。把爱好当成了工作，就如同嫁给了你最爱的男人，眼睁睁看着他从一位翩翩少年变成一个睡着打呼噜、醒着抠脚的臭男人，满眼都是不如人意。好在，这些不如意都是阶段性的，有时候美好会找到我们，在一盘盘菜肴之间，令人回归本心。

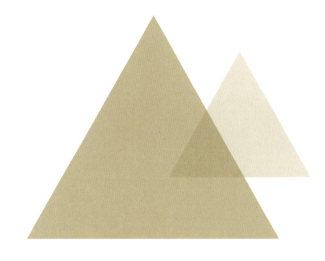

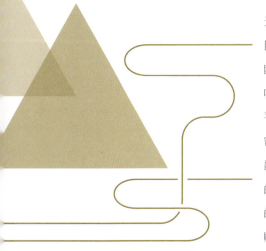

去年春节，我带着好友悦悦回昆明，那天的天空比 Windows 桌面还要蓝，耀眼的阳光提高了景色的饱和度，翠湖公园里的海鸥和山茶花，看起来像假的一样。风好大，吹来几十米之外小贩售卖的棉花糖的味道。平日里那些琐碎的烦恼都还在，却变得像窗帘缝隙里的灰尘一样微不足道，它们缓慢地翻飞，与我的呼吸共始共终。我俩坐在街边的小板凳上吃烧豆腐，太阳烤得后背暖融融的，烧豆腐焦香脆嫩令人爱不释口，小摊档贩卖的吃食全面覆盖心灵的港湾。

那是悦悦第一次去昆明，看什么都觉得新鲜有趣，这种情绪感染着我，于是眼前的一切都变得那么灵巧。天空、湖水、阳光下的烧豆腐，这是一种安宁踏实的美味，它找到了我们。也许食物会被情绪赋予灵气，它不仅填满我们的饿，也让身心得到充足的慰藉。我只能告诉你那天的烧豆腐完胜一盘阿尔巴白松露，而现在我已经形容不出那个味道。食物赋予我们的恭敬心、感恩、知足，从每一次的饭前祈祷到放下筷子后的仰天长叹中，渐渐趋于圆满。

我想起阳光灿烂的昆明时光，在初春的北京。白茫茫的天空像张棉被裹住这个城，车子和人都困在路上，我只能靠回忆里美好的味道来提振精神。有时候美味会来找我们，但更多时候，我们都走在寻找它们的路上。好味道不易得，找得太久，人会变得越来越挑剔，而放弃寻找，人就会变麻木。其实啊，美味是一件个人偏好太强的事，很难说什么才是最好吃。当我们有克服困难的勇气以及平常心，并且保持饥饿感，让身体的本能带领你，也许就会发现所有问题和答案的总和。

寻找美味作为我的工作，如今进入第八个年头。每天都要面临和谁吃、吃什么的话题，答案总是不断寻找不断更新。我想把这些在我饥饿时给予过抚慰的餐厅整理出来，按你们常常提问的方式分类，在漫漫的饮食路上，给彼此留些缠绵的诱惑吧。

梦 遥

BTV 生活频道《食全食美》主持人 @BTV 梦遥

目录

一人吃饭

16 一个人吃饭有什么好丢脸的

17 加州阳光早午餐 —— The Rug

20 致味蕾的青春 —— 鼎泰丰

22 好饭不怕晚 —— 必品阁

24 早餐新革命 —— 黄太吉特色风味卷饼

26 五星级面霸 —— 红馆面档

28 穿山水而来的烟火气 —— 度小月

30 外卖界的青年才俊 —— 哥们儿 de 小馆儿

32 手握寿司之魂 —— 然食堂

34 从知识园到美味书屋 —— 时尚廊

36 下猛料 做靓汤 —— 卖汤 MY SOUP

二人约会

40 餐桌是恋爱开始的地方

41 汉堡店的花样年华 —— Let's Burger plus

44 韩餐西做好风情 —— One pot by ssam

46 复古香港味道 —— 老坑记

48 沉沦吧，青春 —— 烧肉人

51 Shopping-Mall 里好味道 —— 悦食悦香

54 情到浓时方恨晚 —— 义气烤肉餐吧

56 到此地 不离不弃 —— 百里香 Thyme ONE 食尚餐厅

58 川辣子的优雅转身 —— 渡金湖

60 甜而不腻的淑女与绅士 —— La Docle Vita 甜蜜生活

62 滇云晃神儿 味爱倾心 —— 一坐一忘丽江主题餐厅

64 谈一场关于美食的终极梦 —— Rocking Horse 骆·轻食

三人聚餐

68 ● **畅爽体验，聚牛**

69 ● 孩儿他妈妈，麻酱糖饼 —— 东方餐厅

72 ● 民族的也是世界的 —— 一轩饺子馆

74 ● 温情任意门 —— 一家一饭堂

76 ● 素食心肠一片澄明 —— 三摩地

78 ● 西餐大乱斗 —— 鸟巢比萨主题餐厅

80 ● 浓汤好料全城热恋 —— 官也街澳门火锅

82 ● 百味归心 你好浓咸辣 —— 懒人业余餐厅

84 ● 来自星星的韩禅 style —— 爱江山

87 ● 名家后厨 独好这一口 —— 饭前饭后

90 ● 齿间云南 乡味不远 —— 泓泰阳

94 ● 旧壶新酒 京范儿局气 —— 五代羊倌

几人请客

98 ● **宴客，请上座**

99 ● 淡妆浓抹总相宜 —— 新荣记

102 ● 天涯海角也随你去 —— 寒舍羲和

105 ● 尴尬秒散 制胜万金油 —— 夏宫

108 ● 离弃喧嚣 一餐素静 —— 京兆尹

111 ● 坐镇京城 香飘重洋 —— 东方君悦大酒店长安壹号

114 ● 贵客盈门 京鲁一家亲 —— 大董

118 ● 蕙质兰心话宫廷 —— 兰庭厉家菜

121 ● 传统鲁菜 大家闺秀 —— 易舍鲁菜餐厅

一人吃饭

二人约会

三人聚餐

几人请客

和谁吃？ WHO EAT?

吃什么?
WHAT TO EAT?

吃辣

128 ● 痛觉的快感

129 ● 夏夜狂想曲 —— 木屋烧烤

132 ● 为辣等一回 —— 老街兔盐帮菜

134 ● 不讲大道理 一样爱上瘾 —— 一麻一辣麻辣香锅

136 ● 肠香常常想 —— 湘肠香火锅店

138 ● 辣辛香 馥郁一片光阴 —— 苏泰辣椒

140 ● 粉爱粉爱你 所以愿意 —— 螺师傅 柳州螺蛳粉

142 ● 他人笑我太疯癫 我笑他人辣不甘

—— 小辣椒重庆老火锅

145 ● "痛感"翻倍 无辣不欢 —— 痴心不改

食肉

148 ● 该出手时就出手 大口吃肉大碗酒

149 ● 天上一脚 地上一绝 —— 花家地甲 7 号

152 ● 爆肚涮肉俱是绝活儿 —— 爆肚金生隆

156 ● 永远都是最炫异域风 —— 兰特伯爵西餐厅·啤酒屋

158 ● 大口吃肉的豪迈进食法 —— 齐鲁人家

161 ● 风吹韭低见牛羊 —— 情忆草原涮肉馆

164 ● 仲夏夜有一场躁动的梦 —— 神烤

168 ● 西北好 甘味旧曾谙 —— 燕兰楼

172 ● 拍案惊奇之河北往事 —— 直隶会馆

176 ● 开放心灵才能解放胃口 —— 味爱普思牛排馆

品甜点

180 ● **甜点界的"20、30、40"理论**

181 ● 咖啡工厂的新鲜滋味 —— Café Flatwhite

184 ● 水泥丛林中人见人爱的味道 —— 漫咖啡

186 ● 赐予我力量吧,我有杯子蛋糕

—— CCSweets 创意蛋糕

188 ● 浓情不过巧克力仙境 —— Flamme

190 ● 入喉温暖的恋爱之味 —— MS Bonbon Café

192 ● 台湾离银锭桥不远 —— Cafe De SOFA

194 ● 下午茶也可以奢华闪耀 —— 昆仑饭店岩花园走廊

196 ● 芝士就是力量 —— 芝士青年

当京味儿

198 ● **钻胡同,四九城里的美食漂流**

199 ● 混搭之中有真味 —— 胡同四十四号厨房

202 ● 佤寨风情京韵留香 —— 埃蒙小镇

204 ● 念中经 下洋面 —— 吃面 Noodle In

206 ● 文艺青年的湘菜传奇 —— Life List

208 ● 这碗乡愁还是外婆的味道 —— 八条一号餐厅

211 ● 胡同里的宫廷珍馐 —— 桂公府凤凰阁鸭王

214 ● 馆子虽小京味俱全 —— 张记涮肉

216 ● 历久弥新最难忘 —— 悦宾饭馆

218 ● 一块蓝芝士就收心 —— 泥庐餐厅

220 ● 家造好味的胡同情怀 —— 菊儿人家

222 ● 魔幻现实主义过把瘾 —— 贾大爷卤煮

226 ● **老字号,扎根京城有里有面**

227 ● 百年老店 味久弥新 —— 便宜坊烤鸭店

230 ● 莫斯科的青春 —— 大地西餐厅

232 ● 中正灌顶 小辣怡情 —— 曲园酒楼

234 ● 宫保鸡丁王中王 —— 华天峨嵋酒家

吃辣

食肉

品甜点

当京味儿

和谁吃？

一人吃饭

17 加州阳光早午餐——The Rug

20 致味蕾的青春——鼎泰丰

22 好饭不怕晚——必品阁

24 早餐新革命——黄太吉特色风味卷饼

26 五星级面霸——红馆面档

28 穿山水而来的烟火气——度小月

30 外卖界的青年才俊——哥们儿 de 小馆儿

32 手握寿司之魂——然食堂

34 从知识园到美味书屋——时尚廊

36 下猛料 做靓汤——卖汤 MY SOUP

一个人吃饭有什么好丢脸的

我有一个朋友,患有非常严重的"一个人吃餐厅恐惧症"。约不到人一起吃饭,宁愿在家饿着也不肯出门。搞什么啊!在我记忆中,非要拉两三个伴儿一块儿去某个地方,还是中学那会儿,课间上厕所的时候啊。那个习惯仿佛存在于每个少女深深的脑海里,也说不出道理,反正厕所就是得三三两两一起去上的。

还有一个朋友,他觉得一个人下馆子特别可悲,万不得已只去家旁边的小居酒屋,那里的吧台直对着一面墙,旁边偶尔有几个沉默的单身汉,也都视彼此为空气,闷头吃东西就好,不用看见哪桌小情侣卿卿我我,哪桌聚会欢天喜地。

有人陪伴的饭,吃的是心情和气氛,几个气味相投的朋友,餐桌为媒,眼耳鼻舌身意无不共享,色声香味触法无不同感,什么时候想起来都是愉快的回忆。于是一顿少了分享的饭,吃起来就黯然失色。好像每对情侣都是为了看你的寥落,才坐在你隔壁桌,每桌聚会都故意笑那么大声,偏要给你听见。看完菜单更心碎:所有套餐菜单都是从"二人餐"开始的,甜蜜双人餐,温馨三人餐,划算四人餐,吧啦吧啦吧啦……一个人实在难点菜啊,想吃的那几样点完必然吃不完;只点一样?还不如到楼下那家成都小吃整碗小炒肉盖饭。

不要再自怨自艾了!一个人吃饭根本不是什么丢脸的事啊!我跟你们说!一个人更要好好吃饭!选有营养的,吃着高兴的,不用等太久的。一定要硬气地吃,吃得风生水起,吃到全脸两万个毛孔集体舒张!一碗热烫的关怀不可能随身携带,没有谁有义务永远在你需要的时候出现。孤单总是难免,照顾好自己的胃才能让爱你的人放心。

开吃吧亲。

加州阳光早午餐
The Rug

254 P244 T-1

　　如果我乐于开车一小时，转过大半个三环，来这里吃 Brunch，并且常常乐于这样做，是不是已经说明这是一个好地方？

　　老板是在加州生活很久的台湾人，细心到挑剔的程度，菜单自己设计，每样出品都亲自把关，从材料到口味都没得说。这里像极了洛杉矶的早午餐店，可以晒着太阳吃贝果，培根和煎蛋明晃晃的，咖啡和酸奶精精神神的。很多外国朋友把这里当做自家食堂，拖家带口挤满小餐厅。

最喜欢他们家的**面包**，每个面包都显示出富有弹性的坚定。富有弹性的坚定，本来是用来形容外交高手的，但是咬一口就能让习惯了油条包子的人爱上它，这么形容也非常适合。面包外壳脆硬，内部的孔洞蓬松有力，麦香浓郁，经得起细嚼慢咽，可不像连锁店里酵母粉做出来的面包那么华而不实，用手一按一个坑。最能代表早午餐精神的是**班尼迪克蛋系列早午餐**。做起来极其费事。娇嫩的蛋用低温浸熟，蛋清刚刚发白，而内心还在流动。蛋黄酱也坚持自制，搭配菠菜、芦笋或鲑鱼都相宜。不，等一下，要再来碗**酸奶**才是真的圆满。酸奶每天现制，无比新鲜，打上鲜奶油，质地柔和轻盈，加上树莓、坚果碎和蜂蜜，每一口都觉得维生素 A to Z 在血管里涌动起来。

有一天老板突然发问，为什么所有酸奶都那么冰冷呢？温热的不是口感更好吗？于是他发明了这款加入新鲜果粒的温热酸奶。温度正好，像爱人的掌心。

餐厅开在小区里，庭院里的大树和花园都变成自家的景观。慢悠悠地在这里吃早餐晒太阳看喜欢的书，整个人从胃肠到身心都是清朗的。

APP 如果开了太多，手机就会变慢，偶尔需要关机重启。所以我愿意付出时间，久久地吃一顿早餐，把自己调回"幸福模式"，然后再出发。一日之计在于晨，哪一天都不晚。

特制双层内大汉堡融入了中餐口味，用花生酱代替了黑椒酱，酱汁依然坚持自制，花生煮熟之后一点点磨出来的哦！咬到的是肉饼，却非常担心整颗花生会从嘴角飞出来。

📑 The Rug
❋ 西式简餐
★ 莓果酸奶 48 元
　 班尼迪克蛋菠菜火腿肉早午餐 88 元
🕐 周一到周五 07:30—22:30;
　 周末和连休假 09:30—22:30; 最后点餐 21:30
📞 010—85502722
🏠 朝阳区朝阳公园南路丽水嘉园 4 号楼 1 楼（朝阳公园南门对面）
🚗 停车 6 元 / 时
🌱 给自己一次任性放空的早安礼物

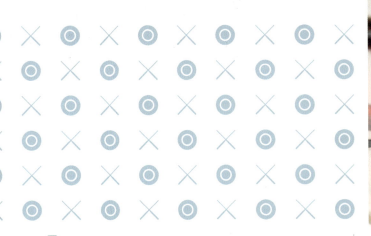

致味蕾的青春

鼎泰丰

250 P238 D-2

有一天我录完节目累到崩溃的边缘，全身骨骼都在晃，整个人就像被扯断的提线木偶，又丑又松，肠胃像团揉皱的A4纸，急需一碗温热的汤水救急。疼爱自己的方式有很多种，我选择直奔鼎泰丰。傍晚的三环和我的肝气一样郁结不舒，开到离家最近的那家餐厅，几乎又花去我两个小时。随着时间一点点过去，我对于食物的欲望简直已经到了幽怨的程度，祥林嫂在村口等儿子回家的心情也不过如此。

到餐厅坐下，我点了**原盅鸡汤**，半笼蟹粉汤包，**芥蓝**和松糕。待到热汤下肚，呼出一口鲜气叹息一声，拧成一团的胃才算舒展开来，有种洗完热水澡，被柔软的毛巾包裹住的安全感。这里的鸡汤下料凶猛，几大块鸡胸鸡腿蒸足四小时，口感清淡，鲜味悠长，每一口都是精华。喝完一碗立刻原地满血复活。

蟹粉汤包每次都不负众望,皮薄而筋道,馅料香浓多汁。难得的是蟹粉都由工人手工拆出来,每个汤包长相和体重都经过严格把关,生生把随意婉约的南方小吃做出了国际标准化。

每次特别累,特别想家的时候,我还要点块**赤豆松糕**的。那老派的味道像极了我上中学那会儿,校门旁边卖的蒸米糕。软蓬蓬虚胧胧的,嚼在嘴里有些颗粒感,就像雪梨核旁边那些沙沙粒粒一样。嚼着嚼着,米香混着豆沙甜甜地化在口里,祥林嫂终于从眉间默默飘走,全身那些累,也像一团白气,消失在记忆里学校门口做米糕的那个蒸箱上。

- 鼎泰丰
- 中式小吃
- 蟹粉小笼 89 元
  赤豆松糕 19 元
  原盅鸡汤 48 元
- 10:00~22:00
- 010-65331536
- 朝阳区建国路 87 号新光天地 6 楼 D6001 号(西大望路口)
- 新光天地地下停车场 6 元/时
- 如果你也曾想起那旧时光的美味

好饭不怕晚
必品阁

247 P237 B-1

上小学的时候，学校离妈妈的工作单位很近，每天中午我都和妈妈一起去吃食堂。那还是需要自带餐具的年代，大人捧着花花绿绿的搪瓷口缸去打饭，看不清里面有什么菜。阿姨们翘着小手指，灵巧地把米饭和菜拌在一起，清脆的说笑声和饭勺碰在搪瓷缸上的响声混在一起，叮叮当当的像首歌。我每次都好想看看她们到底打的什么菜，为什么和米饭拌在一起吃显得那么香。直到现在，只要看到深深的大碗盛满饭菜，我都觉得一定会好吃。

吃着碗里的，看着锅里的，直接抱着锅吃多方便。

Bibigo 的**拌饭**确实好吃。热腾腾的一锅米饭被五颜六色的菜盖住，挤上拌饭酱，一边拌一边噼啪作响，一个人吃也觉得热闹。米饭有四种，除了白米，还可以选择燕麦、糙米、黑米。很多上班族都会点平时不容易吃到的燕麦或糙米，黑米也不错，黏度比较高，把肉和菜裹在一起，每一口都觉得踏实。

如果觉得一碗饭太简单，那就来个黑白配。**黑米拌饭**配雪白的**水参沙拉**。水参是新鲜人参的一种，吃起来有点发苦，回味却甜，和雪梨，柚子酱像天生的好朋友，拌在一起清新得不分彼此。

另外推荐**黑米卷**特制酱汁加上番茄碎，居然可以把韩式料理吃出地中海风格的自然与热情。

燕麦

白米

黑米

糙米

- 📖 必品阁
- ✳ 韩式料理
- ⭐ 拌拌锅拌饭 38 元
  水参沙拉季节性菜品 88 元
  紫米饭卷 55 元
- 🕐 10:00—21:30
- ☎ 010—85184951
- 📍 东城区东长安街 1 号东方广场东方新天地地铁层食通天大街 FF03 号
- 🚗 东方新天地地下停车场 6 元 / 时
- ⚜ 简朴拌饭也能玩出洋派花样

早餐新革命
黄太吉特色风味卷饼

251 P240 H-1

说起吃煎饼，以前脑海里都会不自觉地浮现出这样的画面：一个人头发蓬乱地暴走在上班路上，边走边啃，塑料袋在嘴边飘舞，热气在他身后拉出一条虚线。这样现实而苦闷的情景你一定也在哪里见过。

黄太吉另辟蹊径，让吃煎饼这件事真心变得洋气起来。

绿豆面饼皮充满豆香，质地也更干爽紧密，不仅包得起薄脆，包进西式火腿加生菜加油条都不露馅，呈现出煎饼界巨无霸的气势。

煎饼+豆腐脑+豆浆是一套，吃撑过不了30块。

煎饼裹油条是天津吃法，我觉得比薄脆更妙，油条筋道有力，每一口下去都得猛嚼好几下，有十足的存在感。加上西式火腿和生菜之后，有种本山大叔在春晚小品上说英文的感觉，有点意思却也有点刻意。反正年轻人都求新求变，苦闷地吃了那么久地铁站口的老传统，来点洋气的也挺好。这样配搭确实营养更全面口味更丰富，而且更顶饱。就这样，普通的早餐煎饼变成了白领们的午饭和晚饭，从早到晚客人络绎不绝。

一个人的饭局，一定要摒弃心中的负能量，才能好好享受食物带给我们的幸福感，才能吃什么都吃得嗨嗨皮皮欢欢喜喜。就像店里海报上写的那样：在这里吃煎饼喝豆腐脑思考人生才是正经事。

大老板是80后IT精英，一颗赤子之心开始卖煎饼，宣传语铿锵有力，煎饼油条拍的宣传照也是各种洋气。

📖 黄太吉特色风味卷饼
✳ 中式快餐
★ 标准双蛋煎饼 12 元
　传统豆腐脑 10 元
🕐 07:00—售完
📞 010—58699887
🏠 朝阳区东三环中路 39 号建外 SOHO 西区 12 号楼
　1 楼
🅿 建外 SOHO 地下停车场
✿ 去除低端气息，咱们高贵冷艳地吃煎饼

五星级面霸
红馆面档

 P240 H-3

　　一个人吃饭有三宝：泡面快餐大汉堡。许多人都是这样打发那一顿顿孤独的饭。赶时间，不好点菜，嫌麻烦，最后随便吃点吧。真是怎么听怎么觉得悲催，难道"一个人"和"好好吃"天生有仇吗？

　　来试试国贸三期的面档吧。面档有三宝：肉香汤浓面筋道。

　　最喜欢**牛肉面**，有外婆家里的味道。小时候去外婆家过周末，每次都盼着外婆炖牛肉吃牛肉米线。红黑色的浓汤可香了，一勺浇在碗里撒点辣子面，简直是世界上最美的味道。外婆每次都给我挑带着筋头巴脑的那几块好肉，牛肉焖得酥烂烂软趴趴，极好吃啊。那时炖牛肉没那么多香料，靠的就是一块好肉和数小时的小火慢煨。我曾经试图在很多地方找寻外婆味道的炖牛肉，在云南菜馆八条一号找到了"大理炖牛肉"，再有就是面档了。汤头浓香，牛肉酥烂入味，面条筋道弹滑，端起那个厚实的大碗把头埋进去吃，吃到一滴汤都剩不下，不只是吃饱，是内心结结实实被幸福的回忆填满，真安心啊。材料有保证，环境舒适卫生，东西真心好吃，比我家楼下的那家不知强上多少倍。一个人吃面也别凑合，随便一下没准儿坏了一整天的心情，要吃就吃让你感到幸福的食物吧。

咖喱和椰浆听起来跟刀削面没关系，但如果刀削面来自东南亚，也许就该是这个味道。

那次我图省事儿，在楼下那家店要了碗牛肉面，汤宽得都能洗衣裳了，牛肉粒是猴皮筋儿做的吧，嚼到太阳穴差点爆炸。伤心的我啊，再也不能犯这傻了。

- 🔲 红馆面档
- ✳ 中式快餐
- ★ 牛肉面 55 元
- 🕑 周一至周五 11:30—22:00
- 📞 010—65052299
- 🏠 朝阳区建国门外大街 1 号国贸商城三期 4 楼（近光华路）
- 🚗 地下停车场
- ❤ CBD 核心区也有思念的"一面之缘"

穿山水而来的烟火气
度小月

251 P238 D-3

三月里的某一天，我兴奋地跟朋友说："度小月终于开始试营业了！我们去吃吧！"他不解地问我："是《铁齿铜牙纪晓岚》里的那个杜小月吗？"我说："当然不是！是台湾非常有名的小吃度小月，已经有100多年历史了！"

那时候侨福芳草地还没正式开门迎客，几乎没什么人光顾，很多店铺都关着，灯光照明也不足。我们在地下二层绕了好几圈，才发现一处封闭的区域贴了张度小月的招贴，一扇小木门里微微透出光亮。小心翼翼地推门进去，居然坐满了人！度小月果然名气够大，我估计很多人跟我一样，听说北京开店了，哪怕商场还没正式营业，也要迫不及待地来试试**招牌担仔面**。

担仔面的好吃秘诀在于虾头熬制的汤和小火慢炖的秘方肉燥。汤头够鲜够浓，肉燥咸香味厚，和筋道的油面搭配相得益彰。如果点套餐的话还有卤蛋、泡菜和卤贡丸，非常适合一个人享用，或者和同事一起 AA 制的午餐聚会也不错。

如果你现在再去芳草地，肯定感受不到我第一次去时那种"寻宝"的乐趣了。度小月做了开放式的店铺，辨识度很高，从早到晚人气都极旺，高峰用餐时段等位子要排到几十号。就算这样，经营者还是在店里留出了一个小小的空间，砌一个低矮的灶台，锅子里是小火慢慢熬着的肉燥，就像很久很久以前那样。

肉燥饭也深得我心。别看肉燥放得少，它和米饭的配比真是恰到好处。吃的时候一定要把肉燥均匀地搅拌到米饭里，不会过咸过腻，每口都是肉香。

绝对清爽开胃！去皮之后要用南投县的梅粉腌制，费工费时不说，酸甜回味让我久久难平。

运气不好的时候记得点一份 **开运猪脚**。这是台湾风俗，生日的时候吃"猪脚面线"也是这个道理。别看这份猪脚菜色浓，口感却是沿袭了 50 年代的传统口味，淡而舒缓。为了保证每个猪脚软糯脱骨，常常炖到夜里厨师都无法下班啊！

如果下次有人问你度小月是不是那个"杜小月"，你就这样告诉他："每年从清明到中秋的几个月台风频繁，是打鱼的淡季，当地叫做小月。为了维持家计，平安度过没有鱼获的小月，有位渔民挑起担子沿街叫卖，他做的担仔面口味独到，渐渐受到大家的欢迎。经过几代人的传承，现在的度小月已经成了台湾小吃的代表之一，就像说起北京特色，人人都知道全聚德和东来顺一样。"

度小月
台式小吃
担仔面套餐 28 元
肉燥饭套餐 28 元
开运猪脚 36 元
11:30—19:30
010—85631105
朝阳区朝外大街东大桥 9 号芳草地北巷
侨福芳草地大厦 B2 楼
免费停车
为度日月，于口留香

外卖界的青年才俊
哥们儿 de 小馆儿

256 P239 G-1

终于赶上一个什么事情都不用做的周末，不用出门，不用打扮，没有计划就是最好的计划。睡到自然醒，裹着毛毯窝成一团看美剧，没有任何理由能让我离开我的碎花小沙发。这时候如果有人能把好饭好菜送到家里，生活就再美好不过了。

在我找到哥们儿 de 小馆儿之前，这样的周末还算不上美好，因为送到面前的那些外卖食物——连锁店的炸鸡和快餐店的盒饭，都会透露出"勉强果腹"的凄凉感，从此吃饱跟快乐无关……而他家的精致外送可以让宅在家的周末变得满足充实更多。

外送的食物，保温是大问题。温吞的东西，原本再色香味俱全，都会变得平庸无奇。而他家最大的优点就是对菜品保存得当。我常点**肉酱老油条**，油条用锡纸包好，保持温度和脆感，肉酱用保温袋焐好，单独包装。吃的时候把肉酱洒在油条上，油条还很脆，肉酱还冒着热气，就像刚出锅一样。

外卖打包少不了保鲜盒，限量900份作为随机赠送的礼品，你有没有幸运抢到？

做个小龙虾还要分公母，送外卖还要研究保温盒的优劣，我相信老板贾欣是真的喜欢琢磨。他曾开玩笑说："当初想做高水准的外卖，就是因为自己在家点不到好吃的外卖啊！"小店只有十多个工作人员，忙起来的时候老板还得亲自开车送餐，我问他为什么不开个实体店，他的回答很简洁："没那么多钱。"

小馆的厨房设在中关村，西五环和北五环之内都是免运费的。辛苦了两年多，前两天听说要有分店了。认真对待食物，吃的人是能感觉到的。这样真好！

香妃小龙虾和**香辣羊排**点击率更高。北京人本身偏爱羊肉，一份咸香油辣的羊排配上米饭，就能令一个人的周末午间变得异常满足。而聚会必备的小龙虾也跟我们通常吃到的不太一样。麻辣味不是用红油炒出来的，而是全靠调好的辣汤把味道煮进硬壳里，口感较清爽也不易上火。为什么叫香妃小龙虾呢？老板贾欣说，那是因为他选的小龙虾90%以上是母的。那为什么吃个小龙虾还要分公母呢？他非常认真地解释说：因为母虾屁股大，肉多细腻，头部的膏黄也比较多！

热乎乎的饭菜，每三分钟一次笑点的《破产姐妹》，饭后再煮杯咖啡，脚指头都能感到踏实和放松。这样的周末就算没人陪，也是个十足的好周末。

📑 哥们儿 de 小馆儿
✳ 中式外卖
⭐ 肉酱老油条 38 元
　　香辣羊排 78 元
　　香妃小龙虾 88 元
🕙 10:00—02:00
📞 010—62662656
🏠 海淀区中关村南四街 13 号
　　紫金数码园 4—104 号（近知春路）
🚗 免费停车
🌿 享受一个人的周末食光

手握寿司之魂

然食堂

253 P243 R-1

因为只有一个人吃饭就泡面配卤蛋，实在太亏待自己的胃了。所谓"孤独要趁好时光"，抓紧每分每秒去感受入口的食物，体味食材的鲜美，才有进食乐趣。来到然食堂，你可能疑心自己闯进了某个陶土匠的手工作坊，即使是盛夏进到店中也会有种幽静的气氛，让人瞬间冷静。

主厨宝哥正秉承了这家店的风格，外冷内热——冷是指做寿司时候的冷静，热就是讲起店中食材时候那高涨的热情。店家虽然称自己为食堂，但品相一般、味道大众的食材是绝对无法端上桌的，店里菜单上的菜品和能提供的永远不能完全吻合，因为店里的食材全都是按时令走的，比如每年七月到十一月才盛产的海胆，错过这四个月的尝鲜期肯定会让你遗憾颇多。秉持每日进货的原则，食材过了一天后就要做汤料，虽然有些珍贵食材确实可惜，不过为了每个到店的客人都能享受到时鲜美味，老板也拿出了大义灭亲的阵势。

起身拼盘里的海胆是绝对的上乘之材，由于是日产所以供应量要视当日的进货情况而定。某天你推开然食堂的门，大方地点了这道菜，而且确实有，那我想说幸运之神是何等的眷顾着你呀！

特级雪花牛肉，分量虽少但是只要尝过一口，你就会停止抱怨！鲜嫩的汁水，丝毫不掩饰的肉的韧感，烤制后吃更是口口满足。

寿司的米饭讲究太多了，所谓"七成米饭三成鱼肉"就可见其重要性。最基础的蒸制就需要一两年的时间来磨合，而后如何能握出手感蓬松、晶莹剔透、不粘连的饭直接关系到寿司的口感，用宝哥的话说就是："不能粘手，不能握死，否则寿司就失去了灵性，掌握好力道就又是好几年的功夫了。"

店里其实只有 35 个座位，而一进门那一排单座总是客满，因为想要看到主厨一展厨艺，看到各种生猛海鲜如何活蹦乱跳地勾引你，只有坐在这，才能有此眼福。边欣赏边进食的节奏，同时抱着对食材的尊敬态度，入口的一瞬间，你就会懂得眼前这位厨师的满满心意。手工现磨的山葵，比以往我们吃到的芥末膏好很多，一瞬间冲到鼻腔的刺激，再像海潮般迅速消退，留下植物香甜的味道萦绕齿间，此时你所能体会到的绝非鲜美二字就能概括。

📖 然食堂
🍚 日本料理
⭐ 刺身拼盘 500 元
　　海胆 100 元
　　鹅肝寿司 35 元
🕐 午餐 11:00—14:00　晚餐 17:30—22:00
📞 010—85801055
🏠 朝阳区通惠河北路郎园 vintage
　　郎家园 6 号南门
🅿 郎园 Vintage 院内停车场 6 元 / 时
🌿 日式生食 味清料重满心意

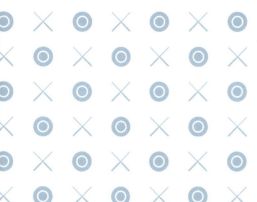

从知识园到美味书屋

时尚廊

253 P243 S-1

　　时尚廊是个好吃的地方,有好吃的食物和好吃的书。说书好吃,是因为它是全北京美食书最全最集中的地方,中西食谱、茶酒食评,是我定期补充精神弹药的地方。还有些别处难得一见的原版书,偶尔会像传说中的美人鱼一样,坐在礁石上等着与你邂逅。令我爱不释手的《奥托手绘植物图谱》和《幻兽图鉴》都是我在这里淘到的宝。其实我也不知道买这样的书有什么用,可是没关系,开心时的大笑和伤感时的眼泪也没什么用,但它们的存在使我充沛而真实地生活。

一个人吃饭的时候，总少些慰藉。于是去这个既是书店又是餐厅的地方，胃被填满，眼前也有故事等你去探索，一举两得。

意大利面最受欢迎。传统的意式肉酱面当然不错，可是如果你喜欢番茄味浓重的红酱面，可以尝尝**家制海鲜菠菜宽面**。海虹、鱿鱼圈、鲜虾和绿色的宽面条，原本是碧海蓝天般的清静结果被火红的番茄酱包裹住，立刻换上了妖艳的面孔，多了几分热情味道。

培根蛋汁意大利面似乎更适合一个人吃饭时的心境。奶油和芝士增加了咸鲜味的厚度和广度，柔软绵长，波澜不惊。

时尚廊掌柜的跟我说，很多在附近工作的外国人都很喜欢这里的意面，能吃出喜欢和熟悉的味道。有一次，一个外国女孩子点了一份意面，吃得干干净净，结账的时候，撒娇似的埋怨说："你家太贵了，再也不来了。"过了几天，又看见她坐在那里，面前还是一份意面。

📑 时尚廊
✳ 西式简餐
★ 家制海鲜菠菜宽面 56 元
　 培根蛋汁意大利面 56 元
🕐 10:00—22:00
📞 010—65871998
🏠 朝阳区光华路 9 号时尚大厦 2 楼 L214 号
🔄 时尚大厦地库 6 元 / 时
⬇ 你有你的百草园，我有我的美味食书

下猛料 做靓汤
卖汤 MY SOUP

252 P242 M-1

　　我发现咱们的食客都有个毛病，就是哪家排队就一定要去凑个热闹，当然这也从另一个侧面反映了这家店一定有什么神奇魔力，能够吸引大家不辞辛苦地尝一口鲜。卖汤这家店就很神奇，在新城国际这样的地段开店，还只有 16 个餐位，可是每次路过看到排队等外卖的长龙都觉得惊讶。所以我一直很好奇，这么小的店是靠什么来维持的，掌勺的大厨一定功力非凡！能够伺候得了明星和外国友人那刁钻的嘴，绝不是容易之事。但是去了才发现，所有食物出品并非出自哪位大厨，而是阿姨的杰作。我也曾问过老板娘，是不是有独门秘方，对方诚恳地回答说："没有秘方，唯一的秘方就是食材真心好。"卖汤的老板、老板娘、设计师都是香港人，他们秉持着对食材的挑剔，对原始味觉的追求，经营着这家小店。

　　进店必点的几样，也是排队的顾客指名率较高的几道美味分别是：**煲仔饭**、咸鱼肉饼、港式云吞面，当然还有他家的汤品。煲仔饭就是用瓦斯炉、小砂锅做的，里面的配料只要按量配比就绝不会失手，但唯一要挑剔的就是食材的选择。煲仔饭和招牌的咸鱼肉饼里的虾干都是整只活虾生生晒出来的，并且是香港制。细心的你会看到店里有很多瓶瓶罐罐，里面盛满了鲜虾干、虾子、干贝，每打开一瓶都能闻到温和柔软的阳光味道，心中很是甘甜。

　　说起他家的**港式云吞面**就不得不提自制的 XO 酱，虽然超市里也有各式各样的 XO 酱，但是下料绝没有他家凶猛。起初一位叫韩培珠的人用蒜、姜、辣椒混合在一起，再加一点海鲜、小干贝制作成了 XO 酱。而卖汤家的 XO 酱却加入了更多的硬货：京华火腿、干瑶柱、虾子、干葱碎、鱼丸以及日本元贝，无论从食材大小还是新鲜程度来说，都是一等一的好。其中干葱的酥甜也绝不马虎，经过猛火炸制的葱香萦绕口中久久不散。

　　云吞面里的面也古早味十足，因为老板和老板娘都是七八十年代生人，他们从小就吃这种叫做"中华三昧"的方便面，所以对这个面的味道有特殊感情也是自然。他们希望即便是在北京，也能品尝到来自香港的，那些充斥着记忆和故事的好味道。一碗云吞面下肚不仅解饿，更能回忆起老香港那时候的诸多风情。

更不能不提的就是他家的**绝世好汤**。不停火，一直文火熬煮 5 个小时以上，开锅后还要熬 3 个半小时，出品的汤咸香浓厚，满嘴充盈着真材实料的咸鲜，京华火腿、花椒、桂圆、黄油鸡、干瑶柱、凤爪经过长时间的熬制已经融会胶着，一口下肚有厚度，有层次，更有回味的甘甜。

店虽小，但吸引的顾客都大有来头，像林丹两口子及很多明星都是他家常客。在我采访的三个月过后，他家在新城国际又添新店，不过这纯粹属于无心插柳之举。邻近的两家店不仅没有互相影响上座率，还培养了一批忠实的回头客，很多人慕名而来，不仅是为了凑个热闹，更是为了卖汤稳定而好味的出品。扎根京城，严选好食材，用最简单的烹调方式吸引顾客，考究又不失亲切，谁会不喜欢呢！

卖汤 MY SOUP
茶餐厅
★ 咸鱼肉饼煲仔饭 70 元
港式云吞面 80 元
每日例汤 68 元
🕙 10:00—24:00
📞 010—65970552
🏠 朝阳区朝阳门外大街 6 号
新城国际公寓 3 号楼
🚗 新城国际停车场 10 元 / 时
真材实料会说话，旧时好味不藏私

汉堡店的花样年华——Let's Burger plus 41

韩餐西做好风情——One pot by ssam 44

复古香港味道——老坑记 46

沉沦吧，青春——烧肉人 48

Shopping-Mall 里好味道——悦食悦香 51

情到浓时方恨晚——义气烤肉餐吧 54

到此地 不离不弃——百里香 Thyme ONE 食尚餐厅 56

川辣子的优雅转身——渡金湖 58

甜而不腻的淑女与绅士——La Docle Vita 甜蜜生活 60

滇云晃神儿 味爱倾心——一坐一忘丽江主题餐厅 62

谈一场关于美食的终极梦——Rocking Horse 骚·轻食 64

餐桌是恋爱开始的地方

　　我真不知道当年的人们，怎么能在乌漆墨黑的公园里，喝着小风就着小虫子，连对方长什么样子都得靠几分想象，三十组对答之后就把恋爱谈成了。我也不大明白现在的人们，怎么能在电视屏幕上，展示着自己完全不具备的品质，准备几个段子，互相指指戳戳，然后就能牵手成功了。一段恋情的确认，必然得经历敌进我退，弯弯绕绕，互吐心声，你侬我侬的过程，餐桌是最佳专场。他选地方还是你选地方？他点菜还是征求你的意见再点菜？如果听你的，证明他要么早就被 EX 们调教出风度，要么根本就是自己没主意；如果他直接做决定，说明他有阅历也有点危险，很自信或者盲目自信。至于到底你们之间存在什么样的可能性，都得在一口口咀嚼和一次次碰杯之间自己试探。实在没话聊的时候还有菜肴可供评价，彼此全身而退。

　　要是彼此早已暗生情愫，餐桌便是最佳表白场地。灯光暧昧，音乐轻柔，吃到一口正中下怀的食物，她抬头用亮晶晶的眼睛望着你说：好好吃啊！你也以笑意浓浓的表情回望过去说：真的是啊！像是分享了一个只属于你们的秘密，对美味的共鸣使得彼此肾上腺素飙升，突然之间你找到了世界上最了解你的人，从此也再找不出比那道菜更美的味道。只要一份对的食物，爱情于是这样发芽了。我真心想不出第二个地方，能够像餐桌这样，看全对方的外貌，品味，个性和优缺点，那么自然地从同桌客变成同路人。我不相信一见钟情，不相信小公园和相亲节目。我相信餐桌。

汉堡店的花样年华
Let's Burger plus

 P241 L-2

Let's Burger 是全北京我最爱的汉堡店，没有之一。

第一次是前男友带我去的。他点了一个**香辣斗牛汉堡**，一切两半，和我分着吃。牛肉饼表面带有高温留下的灼痕，质地蓬松，咬一口，肉汁四溢，相当惊艳。酱汁口感轻盈，新鲜的辣椒和番茄充满墨西哥风情。内容太多，层层叠叠，吃到手足无措，不知道应该优雅地用刀叉切开慢慢享用，还是直接拿在手里大快朵颐。

二人约会

汉堡和**芝士薯条**的搭配已经是约定俗成，但 Let's Burger 的汉堡和薯条，跟小麦小肯家比起来，真的是 XL 号。薯条有手指那么粗，每一根看起来都精精神神的，忘记番茄酱吧，裹上浓厚的芝士，味道超赞。

和番茄酱在一起的时候，薯条从来没有这么缠绵过。

沙拉用的是大片金枪鱼，下料足，很厚实。

从那时候起我就爱上这家店,后来他家换地址,开新店,我分手,我单身都跟着一路吃过去。如今新店开在寸土寸金的三里屯village,那天进去一看,wow!老板居然用了餐厅三分之一的面积来做厨房,把那个敞亮洁净的明厨放在餐厅的最中间!看得出他对食客和厨师的尊重,是用心来经营餐厅。

蔡澜先生在《人生必去的餐厅》一书的引言里说:"一家及格的餐厅,最少得经营一二十载。"可我却庆幸,和一间好餐厅在彼此最生机勃勃的年岁相遇,然后积攒一段回忆。几年前,那家小店像一个刚出道的男歌手,帅气,时髦,有才情。而现在,它更像我深爱的男子,优雅沉稳,内心坚定。

我还是最爱吃辣汉堡,味道没变,新菜单里给它加了一颗新鲜澳带,口感更丰富。可我总免不了吃出那段恋情的味道,偶尔还会觉得遗憾。如果和最爱的人约会啊,还是不要分开吃的好。

🔖 Let's Burger plus
✳ 西式简餐
★ 香辣斗牛汉堡 98 元
　 芝士薯条 42 元
🕐 10:00—23:00
📞 010—59056055
🏠 朝阳区朝阳公园路 6 号蓝色港湾国际商区 11 号楼 L—RS—20 号(近时代传奇影院)
🅿 有地下停车库
🌱 无肉不欢者的福音,Let's 大快朵颐

韩餐西做好风情
One pot by ssam 253 P243 O-1

　　韩国料理经常吃,但韩餐西做听起来是不是很新鲜? One pot 的主厨 Andrew 年轻有才华,之前在迪拜的高级酒店工作,现在自己经营,身兼老板和主厨,出品就能看出好几星级的精致和细腻。

　　什锦包饭就是为我这种"撑死饿死就在一线之间"的吃货设计的,好几样不同口味摆成一排,又小又萌,用有限的胃,吃更多的口味。吃起来每个都不太一样,你总是对下一个饭团充满想象,好像生日那天拆礼物的心情,好想赶快撕开包装看看下一个盒子里装的是什么好东西。

五花肉可不只能和泡菜炒在一起,低温慢烤之后绝对给你一个华丽丽的惊喜。

鳄梨包饭　　三文鱼包饭　　培根包饭　　金枪鱼包饭　　牛蓉饭团　　小·鱼紫菜卷

生牛肉片更惊艳,好几个朋友试过之后都爱上这道菜。一勺一枚,吃的时候大口包进嘴里,嚼到第三下,香味开关"叮咚"一下被打开,既悠长又淡薄,你说不清楚鼻腔到底被什么香气填满,嫩滑的同时突然又有坚果碎在齿间。那是新鲜牛肉揉进麻油,包住生鹌鹑蛋,蛋的中央还撒上松露和松子,真是沁人心脾。不,沁人舌心脾胃,沁人四维上下。

　　有时候,谈一场沁人心脾的恋爱和吃到一份沁人心脾的食物一样难。享受当下,珍惜眼前吧。

提拉米苏里面加进了韩国的人参酒,甜度稍低,回味悠长。

- 📑 One pot by ssam
- ✳ 韩式料理
- ⭐ 什锦包饭 78 元
  烤辣椒酱五花肉 88 元
  生牛肉片 20 元
- 🕐 11:30—22:30
- 📞 010—59359475
- 🏠 朝阳区工体北路 8 号
  三里屯 SOHO 2 号楼 B1—238 室
- 🚗 消费 50 元以上免费停车 2 小时(周末免费)
- ✿ 精致多选择,谁说韩餐只能腌菜辣酱 style

复古香港味道
老坑记

252 P241 L-3

　　当恋爱进入第二阶段，就可以从《爱丽丝梦游仙境》迈进《媳妇的美好时代》了。这是一种脚踏实地的感觉，我们的约会不再依赖灯光、音乐、酒精和鲜花，美好的感觉来自对未来的明朗和笃定。你能说出对方741个缺点，也知道自己无需重新选择。这个阶段"甘心"是一个充满智慧和幸福的字眼，当他告诉你，请不到年假无法带你去香港，只能周末和你去吃那间复古feel的香港餐厅，而你欢喜地答应，甘之如饴。

　　老板和老板娘是地道香港人，老板娘亲力亲为，温柔又能干，有点像现代香港版的"佟掌柜"。菜单看起来也是朴实无华，能吃饱，能吃好，很实在。猪蹄和烧鸡都是点击率很高的菜肴，蒜碎裹着**猪蹄**，又韧又弹，啃到满手是油也停不下。**烧鸡**则是皮脆肉嫩，香气从内里渗透出来。

　　你们的恋爱到第二阶段了吗？啃完猪蹄，满口蒜味满手油的时候，十指交扣来个法式热吻检验一下。

烧热的锅子用猪油涂匀

把米饭和菜粒放下去，搅拌的同时加入上好的酱油

润泽的米饭散发着喷香的热气。

最简单的做法反而会带来最质朴的好味道。

我每次必点的还有一样：**猪油捞饭**！蔡澜先生酷爱猪油捞饭，我记得他有这样的说法：任何食材，只要用猪油烹制就会变得美味。虽然这个理论被不少营养专家批评说影响健康，可是承认吧，我们的健康理论、减肥理论，通常都是开始于吃饱之后，结束于满桌美味之前。

各色糖水也是香港味道必不可少的组成部分，柔情蜜意可以换来三个吻。

老坑记

精致粤菜

老坑猪手 58 元
猪油捞饭 28 元
甜品四拼 48 元

11:00—23:00

010—65521878

朝阳区工体北路 66 号瑞士公寓底商 115 单元 1 楼
（港澳中心东侧）

会员免费停车，非会员 10 元／时

复古港式美味，一饱平实气息

这是我们的口号!
也是我们的态度!!

沉沦吧,青春

烧肉人

250 P244 S-2

烧肉人是我的"活体恋爱编年史册"。

几年前一场失恋,好姐妹带我到黑芝麻胡同的烧肉人买醉。进门的一瞬间,悲伤的气场被欢声笑语全面覆盖。黑色的墙面,人人都可以画几笔内心宣言,从座位到天花板,有密密麻麻歪歪倒倒两万字,字字都是正能量,我也拿起粉笔挥毫一番。炉子上冒出的烟裹着肉香,飘到空气里,和动此大此的摇滚乐混作一团,吸进肺里变成一口麻醉剂,所有难过都被秒杀。情侣们眉眼之间都是幸福,半推半就的玩老板发明的游戏,十秒钟长吻换一份免费牛舌,全场都是尖叫和笑声,每桌客人看起来都像朋友。

店内规矩:舌吻送牛舌,无论男女对象。可以外借男店员。

你有没有在烧肉人留下爱的印证?不管是过去还是现在。

这张图最能代表我心中的烧肉人。相爱，热闹。谁没有过挥霍的青春。

香咖is♥纯粹の形式 PURE FORM.TYPE
P.S.顺便换盟午乙之吞

失恋必备饮品"愤怒"。十几种酒调出鲜红的颜色，可以非常 strong，也可以像汽水一样。想要虐心的 feel 你自己去跟店员提要求。

焗鸡肉饭虽然不能粒粒分明，但入口的浓香骗不了人。

美味要用心和
爱去料理。

后来小店从胡同搬进大厦，依然那么热闹，整面墙攒足了几万张情侣热吻的照片。我和朋友们依然会在恋爱开始和完结的时候去吃烧肉，开心就点牛小排配龙舌兰酒，幸福的感觉让食物变得特别好吃。不开心就吃菲力喝愤怒，老板亲自帮你烤一份油嫩多汁的肉，配上又甜又烈的酒，胃里塞得满满的，不留一点空白给你伤怀。

第一次去烧肉人，我在墙上写下"相爱敌不过时间长"。五年之后再看，能跑赢时间的事物确实太少。别想太多，大家趁热吃。

🏠 烧肉人
✳️ 个性烧烤
⭐ 牛小排 88 元
　　牛舌 35 元
　　愤怒 35 元
🕐 每日 17:30—23:30 周末加开中午 12:30 营业
📞 010—64037626
🏠 西城区旧鼓楼大街 138 号（近汤公胡同）
🚗 无停车位
💋 吃货舌吻换牛舌，也用时间赌明天。

Shopping-Mall
里好味道
悦食悦香

255 P246 Y-6

大部分恋爱不能免俗，购物中心总是要逛起来的，互相买些心仪的礼物，选个地方吃顿甜蜜的小饭。温馨是温馨了，却也很难有惊喜（他直接带你去珠宝柜台另说）。悦食悦香一点都不像是购物中心里的餐厅。灯光折射在大面的玻璃墙上，看起来剔透而精致；明厨明档，看着炉子上冒火的锅子，还没坐下已经开始食指大动。

我最爱他们家的茼蒿生牛肉和排骨油泼扯面。

茼蒿生牛肉品质非常好，薄如蝉翼，像慕斯蛋糕上的奶油一样温柔，不用担心突然之间，会出现一条肉筋塞住了牙缝。用它裹住茼蒿和炸脆的蒜片，再蘸上特调芝麻酱，从清淡到浓郁，从清脆到黏腻，你仿佛把整支交响曲吞进口中了。

本来呢，菜单上是没有这道菜的，大师傅偶尔做了几份给朋友们解馋，结果备受赞扬，名声越传越大，现在它倒成了一面响亮的招牌。

油泼扯面原本带着陕西汉子粗犷的气质，在这里配上小火慢煨的排骨，变得文气了不少。宽宽的皮带面筋道有劲，排骨是家常红烧味，煨到根根脱骨，微酸的后味儿开胃又解腻。面码浇上排骨汤汁，配上几棵蔬菜，简单却有滋有味。

二人约会

奶油生菜是农科院无土栽培的新品种，萌得像塑料装饰一样。

这道"美女的创意"其实并不是美女发明的，大师傅说了，男人不爱吃这样细碎的东西，美女吃起来倒合适，所以给起了这个名字。鸭松配薄脆卷进奶油生菜里，酥脆又天然，还增加了彼此之间的乐趣。

"亲爱的，这道菜就适合你这样的美女哦~"
"亲爱的，我帮你卷一个啊~"

任何新鲜事物都美好，小猫咪，小生菜，小恋爱。

- 悦食悦香
- 创意菜
- 茼蒿生牛肉 98 元
  排骨油泼扯面 55 元
  美女的创意 时令价格
- 午餐 11:30—14:30 晚餐 17:30—21:30
- 010—85671568
- 朝阳区建国门外大街 2 号银泰中心 B1 楼
- 地下停车场
- 开放式厨房里的无限创想

情到浓时方恨晚
义气烤肉餐吧

255 P246 Y-7

　　从前，我有个朋友喜欢上一间烤肉店的老板娘，于是他连续两个星期，每天约人去那里吃肉喝酒，终于和漂亮的老板娘成为熟络的朋友。然后，帅气的老板出现了。然后，就没有然后了。哦，不对，然后是他带去过的所有朋友，都成为了这家烤肉店的常客。我是其中之一。

店面很小·很舒服，百分百约会专属。必杀技之一是店里特调的各种口味 mojito。

老板娘 Amy 是韩国人，长得漂亮，待人亲切，凡事亲力亲为，很难让人不喜欢她。

热气腾腾，色彩鲜亮就已加分过关，一口下肚，根本停不下来！快来感叹一句："哦，爱的味道！"

最好吃的有两种，LA牛仔骨和烤香肠。

牛仔骨厚度适中，肥瘦均匀，烤制前已经用料汁腌过，红亮的颜色和满满的芝麻颗粒散发着诱人的魅力。烤汁非常有创意，能尝出韩式烤肉汁的清爽和甜度，又有美式BBQ熏制和炭烧的味道。**烤香肠**是老板独创的做法，在台湾香肠的基础上结合了美式调味，蒜蓉罗勒口味和黑椒鸡肉口味都很好吃。没有添加淀粉，烤完之后依然柔韧弹牙。

牛肉石锅拌饭也要尝一尝！韩式传统拌饭上面铺了一层浓厚的芝士，辣椒酱的辛辣立刻变得柔和，马苏里拉奶酪裹着饭粒在唇齿之间调皮地缠绕。我每次吃都忍不住偷笑，这样你侬我侬的拌饭，是爱的证明吗？其实女人爱你便会小鸟般依人，你若真是她心尖上的马苏里拉，再霸道再强势的姑娘，最终也甘心为你绕指柔啊。

- 义气烤肉餐吧
- 韩国料理
- ★ LA牛仔骨 79元
  烤香肠 42元
  牛肉石锅拌饭 42元（加芝士）
- 🕐 18:00—01:00
- 📱 15210064588
- 🏠 朝阳区工体东路2号中国红街大厦3号楼1楼111室（工体东门斜对面）
- 🅿 工体东门停车
- ✿ 美味不少，美女更甚

到此地　不离不弃

百里香 Thyme ONE 食尚餐厅 P237 B-2

这是一个很适合约会的地方，灯光温和，装饰有格调。不会奢华到让对方不自在，中看又中吃。

创意菜容易让人眼花缭乱，如果菜单翻了三遍还没决定吃什么，不如点一份**鲜花椒烹汁澳洲小牛肉**。

火红的辣椒和翠绿的花椒先声夺人，给厚实的牛肉粒加上了轻快嘈杂的气质。第一眼它就在告诉你，自己不是普通的牛肉，它为你们的约会盛装而来。

口感当然不俗。这是介乎西式烤牛排和中式快炒之间的做法。牛肉要提前用百里香、迷迭香腌制，入味之后跳进烧热的锅子，一系列完美的空翻，和辣椒花椒相遇只有几秒的时间，几乎是打个滚就出锅了。于是牛肉粒保持了西式烤牛排三至五成熟的丰富汁水，同时有浓重的锅气，表面有一层若隐若现的麻辣味。如果你不拒绝大蒜，配上一片炸成雪白的独头蒜，香气马上提升一级。

不敢表白就点份"暗送秋波"。真的是鸡蛋包住秋天的菠菜。还要说得再直白点吗?

荔枝虾球。别嫌它装盘太过形式主义,女人都享受拆礼物的过程。

一个好朋友跟我说过她的经历。她和现任去吃百里香,遇见 EX 牵着一个小姑娘也来约会。结果她只能双手握拳,指甲死死抠进肉里强装镇定,然后微笑自若地问候:这么巧啊? 好久不见啊……事后她和我们形容这一段,悠悠地说:那个店当时还是我带他去的呢……所以啊,那些好餐厅一定要带你决心长期相处的对象去,你觉得好的地方,多半对方也觉得不错。若是匆匆散伙,之后再带新欢去吃,在店里撞见对方是多尴尬的事。如果因为害怕遇见谁而放弃了一间好餐厅,那多可惜。

百里香 Thyme ONE 食尚餐厅
创意菜
鲜花椒烹汁澳洲小牛肉 159 元
暗送秋波 39 元
荔枝虾球 89 元
11:00—22:00
010—87721883
朝阳区广渠门外大街甲 31 号合生国际 24 号楼 109 号(双井麦乐迪西侧)
免费停车
有创意 is the new sexy

川辣子的优雅转身

渡金湖

味道香、麻、辣的川菜，任谁吃的时候都不能花容不改端着劲儿，只好改成"抢开膀子来口酒"的style。接地气的川菜在多数人眼中离高大上还有些距离，可渡金湖偏偏另辟蹊径，在保留传统风味的同时融入西餐摆盘的精致，前菜、开胃菜、主菜、甜品和汤一应俱全，上菜顺序井井有条。吃之前你疑心进了法国餐厅，入口之后再闭目细品竟恍若置身四川，这样的穿越感够刺激！

川味口水鸡就地道得一塌糊涂。口水鸡所用的鲜花椒均来自四川，红油经过长时间的熬制，只需闻一闻便知味道非凡。鸡肉的软嫩程度刚刚好，汤汁恰到好处，川菜特有的麻辣香辣在味蕾上层叠交替，美味到根本停不下来。

水分稀少的四角豆本身很硬挺，口感爽脆，与四川腊肉一起大火急速翻炒，腊肉的香味会迅速吸附在四角豆身上，再加上一点川辣椒，咸鲜辣一应俱全。

总的来说，渡金湖的菜品都是在充分尊重传统口感的基础上增添了自己的创新思想。这位帅到没朋友的罗马尼亚老板罗格在13年中充分发挥着自己设计师的天分，努力研发菜品，这里充满设计感的装潢，大胆的用色，暖胃的灯光和好吃的食物都符合妹子们对于约会的期待，只是如果真要带心仪的姑娘去吃渡金湖，小心她会爱上帅气的老板本人哦。

招牌菜干煸牛肉丝从牛肉的刀功上就下足了功夫，出品的长度、宽度严格统一。筋道口感的牛肉搭配含水量很低又爽脆的芹菜和青笋，一口下肚不仅干香够辣，又韧劲到位，简直百吃不厌。

加入了云贵地区特有的香料，木姜子油的**青柠鲈鱼**是他家的自创菜。将鲈鱼切片后卷起，裹上芦笋等蔬菜，单从摆盘来看和川菜毫无关系，但尝过之后你一定会肃然起敬，因为它独有的"小清新之辣"美妙难言。加入了一两滴木姜子油的鱼肉本身变得活灵活现，渐次而出的酸辣香辣绝不会腻。装盘前鱼肉要进行烤制，一旦温度过高，鱼肉就会翻卷炸开，卖相也会随之大打折扣，所以温度的把控全靠大厨的精准拿捏。

品尝过渡金湖的菜品后你会发现，对于每道菜的改良都只是一点点，这些创新的小心思都花费在了一些无伤大雅的地方，比如将鲈鱼换一种烹饪形式、改用海鲈鱼和海盐这些清淡健康的食材来做水煮鱼……形式虽然变了，却没有改过传统、正宗的口味，这种不喧宾夺主的改良方式让每一个走进餐厅品尝的人感到新意十足又不过分颠覆。

🍽 渡金湖
✳ 创意川菜
★ 川味口水鸡 98 元
　 青柠鲈鱼 198 元
　 干煸牛肉丝 158 元
🕐 午餐 12:00—14:00 晚餐 18:00—22:00
📞 010—64179090
🏠 朝阳区太古里北区 N4—36/37
🚗 太古里北区地下停车场
🌱 中辣西型，一品川辣正宗

甜而不腻的淑女与绅士
La Docle Vita 甜蜜生活

254 P241 L-1

内酱千层面,样如其名,层层叠叠,每一层都包含无数种小心思,将肉酱和番茄酱比例调得恰到好处,让你分明品尝出酸跟新鲜的味道。而牛肉本身,腥涩尽消,研磨得特别碎,放进嘴里后与牙齿相处极好,一点都不难嚼。

这家店特别小,在新源里一条斜街上一开就是 10 年,有一批绝对忠实的拥趸经常光顾,默默地贡献着他们的青春他们的故事。店里的装潢就像是意大利电影的场景。圆形的拱门,外面是玻璃窗户,里面光线很暗,某一个下午去的时候,你会觉得走进了一部老电影。墙上有《罗马假日》的照片,有赫本高高兴兴骑在小摩托车上的照片,让你感觉身在异地。这种世外桃源最适合约会,电影般的感受,是勾起少女情怀的不二之选。

我觉得意大利菜最接近中餐口味,擅长用香料且味道较重。如果说法餐像是淮扬菜的话,意大利菜则更似川菜,味道比较刺激,下料也很猛烈,吃起来很过瘾。于是这道非常小清新的西葫芦奶酪卷,便好似成了异类,原本只在春季菜单中供应,结果却非常受欢迎一发不可收。将结瓜稍微烤一下,加入很清淡的配料,吃的是内里羊奶芝士的原味。

千层面和pizza在同一个烤炉里面烤，非常需要技术。pizza是放在火的最中心，需要在很短时间内大面积全体成熟，但千层面里有芝士又有牛肉，如果火力太猛肉就老了，上层的芝士也会变黑。所以只能放在烤炉的边缘位置用温柔的热度慢慢烘烤，像宿命里无法逃脱的缘分，又暖又慢地俘虏你的心。

恋爱时怎少得了甜点，甜蜜生活全部满溢出来的味道，就在这些精致充满小心思的小可爱上。女生最喜欢的就是这种甜点组合，每一样都不太大，可以尝很多种。他家的优点在于绝对不会"甜到哀伤"。无论是提

现在做 pizza 的店很多，而他家的特色在于砖砌的炉子，很古朴，上面的铜器锈迹斑斑，大理石的台面。光看到炉子就会觉得烤出来的 pizza 一定会好吃。

拉米苏，还是咖啡酒，味道都很好，却不那么甜腻。而可爱的酸奶奶酪，酸奶柔滑，蔓越莓酱汁酸爽可口，这些都特别适合恋爱，女生看了绝对无法自持。

爱情电影和一份好甜点，似乎是全世界女生共同的软肋，抓住这根软肋，你们的甜蜜生活就可以像春田花花一样四处开放了。

很多人第一次吃 pizza 是在美式比萨连锁店里，大块馅料铺在厚厚的面饼上，让人误会意大利比萨跟咱们的发面饼是不是有什么血缘关系。其实去过意大利，你就会发现，如果比萨真的跟咱们的面食有什么血缘关系，那也是与薄脆关系更大一些。只有饼足够薄，面粉足够好，面香味才会诱人沉醉。一张烤得好的 pizza，饼边又酥又脆，饼身托起满满的馅料，轻盈柔韧不油腻，不像发面饼那样喧宾夺主，一块就能把人撑饱。

二人约会

🔖 La Docle Vita 甜蜜生活
✳ 意大利菜
★ 西葫芦奶酪卷 45 元
肉酱千层面 75 元
pizza 80 元
🕐 午餐 10:30—22:30 晚餐 14:00—17:00
📞 010—64682894 64681259
🏠 朝阳区新源西里中街 8 号（近左家庄高架桥）
🚗 门口可以停车，收费
↓ 罗马假日，轻松闲适

滇云晃神儿 味爱倾心
一坐一忘丽江主题餐厅

 P246 Y—8

朋友知道我是云南人，所以某次吃饭专门挑了这家很云南的餐馆，此前关于一坐一忘的店名，我听说过这样的两种说法：第一种是，希望来到餐厅的客人都能安逸地坐一坐，忘记所有烦恼；第二种是，因为老板爱坐在那里想事儿，而老板娘爱忘事儿，两人加起来就是"一坐一忘"。这种简单又温暖的氛围让我动容，想要相信这种说法是真的。

店中的一草一木都透露出滇云风情，轧染的桌布裱在画框里成了装饰，纳西的铜铃上刻满看不懂的东巴文。你还可以在店中看见鹤庆的瓦猫，这是大理鹤庆人放在院子大门房梁上的镇宅吉祥物，瓦猫的嘴大，摆放时嘴朝门外面，尾巴朝屋内，寓意把财气全部吸进来，肥水不外流。佤族的小伙子还会在门口唱歌欢迎你的到来。这是一个丽江主题餐厅，对于热爱生活的人来说，丽江不仅是个美丽的古城，它更代表着一种人人向往的生活方式。温暖的阳光，难忘的美景，简单的日子，坐忘时光。而当一个餐厅有了这样几个标签，它简直就是浪漫的代名词了。如果你没去过丽江，约在这里吃饭正好可以畅想一下和恋人同游云南古城的浪漫。

一坐一忘的绝妙处在于它把云南各个地方菜做了集中整理,还原了很多当地特色,把大理菜、腾冲菜、丽江菜和昆明菜全部融合到一个店中,有些大山深处的食材甚至在昆明都很少能尝到。香茅草烤罗非鱼是一定要尝试的傣味招牌菜,烤鱼时将大把剁碎的香茅草、香柳、大芜荽厚而均匀地铺在鱼身上。就算经历过大火熏烤,油辣的烤鱼边缘还带着炭火的焦黑,尝过之后依然不能否认其口感的小清新。

泡乳达应该算是云南特色的甜品了,由西米、木瓜冻、缅甸炼乳、特制奶油面包干、新鲜椰丝加上碎冰块制成,入嘴奶香四溢,酥脆香甜。

小锅米线就像北京的炸酱面,受到云南人的喜爱。主要特点是,盛放米线的小铜锅在炭火上煮沸,加入鲜肉碎末,早餐来一份一定特别满足。

云南人善用天然香料,泡茶要往壶里放几片薄荷叶,炒蛋不忘丢几朵茉莉花,这些少女情怀的菜在一坐一忘比比皆是。柠檬撒看似清淡,其实调味汁中混杂了各种香料植物的碎末,搅拌均匀后顺滑的米线夹杂着香气鱼贯而入,牛肉薄片的口感干松软烂,咸酸的味觉给你满口原生态的绝妙体验。

📗 一坐一忘丽江主题餐厅
✳ 云南菜
⭐ 香茅草烤罗非鱼 45 元
　柠檬撒撒 45 元
　德宏泡乳达 15 元
🕐 11:00—22:00
📞 010—84540086
🏠 朝阳区三里屯北小街 1 号
🚗 路边停车 10 元 / 时
🌱 满口清新,一品云南

63

谈一场关于美食的终极梦

Rocking Horse 骒·轻食

253 P243 R-2

第一次听说这家餐厅，我觉得老板一定是疯了。听说他加盟了一个韩国品牌咖啡店，加盟费几十万，只要好好经营就是稳赚不赔的买卖。后来他觉得加盟店出品的食物达不到他心里对于美食的标准，他就开始自己找食材找配方，重新制定经营方向。可是总公司不允许加盟店擅自改变菜单和出品，于是，他那几十万的加盟费不要了，在原来的咖啡店里做起了现在的骒轻食。

关于美食的终极梦想，在苏宇看来就是，即使舍弃了几十万的加盟费，也要严格筛选食材，把控出品质量。如此文艺青年的感性真的够大胆。所谓轻食的概念大概就是不给身体造成过度负担，一餐的摄入量不会带来过分饱腹感，如此健康轻松的饮食习惯正在被越来越多的年轻人所认同。

拿起他点给我的抹茶欧蕾喝了一口……那个杯子里好像有种熟悉又陌生的味道，纯粹，干净，清香，柔和……是抹茶，可是生涩味荡然无存，像提纯过的一样。

入口如吃到白云般的杯子蛋糕，轻盈绵软的口感让人真想转圈圈！外观看起来和吃起来的感觉会有差别，全都归功于杯子蛋糕顶部的奶油，在制作过程中下足了功夫。做出蓬松又不会软塌的奶油需要把控时间，不能提前做出等待取用，全部都是现场制作，这样才能保证顾客品尝时它的美味刚好到达顶峰。

他告诉我，**抹茶欧蕾**用的是从日本空运来的宇治抹茶粉，甩开普通抹茶粉十条街，特殊工艺加工过的抹茶粉先蒸制再细心研磨，充分保留了原材料的营养成分（对抹茶欧蕾毫无抵抗力的你一定自动变身忠实拥趸）。这样一杯里面所含的茶多酚含量相当于普通抹茶粉的 20 倍，普通抹茶粉一两百块一大袋，这种茶粉一斤价格上千元，相当于几块钱 1 克。难怪入口清甜，绝不会有抹茶粉生涩的味道，粉末充分溶于奶香之中，配比手法一定是经过多次尝试才能如此完美。

如果和闺蜜下午茶越聊越起劲儿，突然觉得嘴馋也不要紧，搭配一份店内的简餐也能品尝出一番新意。一份**手打牛肉丸子意面**两人分食都够了，因为用料扎实还配上了几颗硬货，大快朵颐之时也不会觉得过分油腻。水波蛋配蘑菇炒培根是标准的英式早午餐标配，配上芝士稍微焗烤后，半熟蛋变得更加硬挺，口感也更贴近国人的要求，不会有腥膻的味道。

作为我来讲，甜品一定是我每一餐的句点，如果少了好吃的甜点，总觉一顿饭的结尾有些仓促。这款**英式甜品**层次感极强，上层的轻脂奶油搭配海绵蛋糕及慕斯，底部铺满了当季的新鲜水果切块儿，还有甜蜜蜜的莓浆果混合，刚一上桌简直眼花缭乱要欣赏一番。而想要让这些层次充分融合，一口兼顾的方式只有一个，就是破坏它。海绵蛋糕充分蘸取了莓浆果的汁液，酸甜交替简直爱不释手。

说实话，我不知道有多少人能理解苏宇的美食终极梦，我也不知道这样高昂的食材成本他打算如何坚持。我们没聊过这些，我欣赏他用心对待食物的态度，也希望他的这场梦做得久一点，但是确实好梦不长，就像艺术品既美又易碎，骡轻食已经转让歇业。看着一个个据点消失，见识过它的美的人，不能更心痛了。

Rocking Horse 骡·轻食

西餐

抹茶欧蕾 59 元
手打牛肉丸子意面 65 元
水波蛋配蘑菇炒培根 53 元

11:00—24:00

010—53639919

朝阳区新源街 45—1 号（京城大厦向北 100 米）

餐厅附近小区停车 免费

邂逅轻食，好食材会说话

三人聚餐

69 孩儿他妈妈，麻酱糖饼——东方餐厅

72 民族的也是世界的——一轩饺子馆

74 温情任意门——一家一饭堂

76 素食心肠一片澄明——三摩地

78 西餐大乱斗——鸟巢比萨主题餐厅

80 浓汤好料全城热恋——官也街澳门火锅

82 百味归心 你好浓咸辣——懒人业余餐厅

84 来自星星的韩禅 style——爱江山

87 名家后厨 独好这一口——饭前饭后

90 齿间云南 乡味不远——泓泰阳

94 旧壶新酒 京范儿局气——五代羊馆

畅爽体验，聚牛

聚会的形式到底有多少种？班会、年会、同学会、老乡会、生日会……求婚要聚，结婚要聚，满月酒过百天也要聚，没理由的小聚，有组织的大聚……各种有的没的节日、纪念日加起来，我们一年中的大部分时光，不是在聚会，就是在去聚会的路上。对于聚会地点的终极总结就两条：在家吃或者在外面吃！

只要是聚会就少不了食物，似乎吃才是过这个节的真正意义。没人教我们必须这样做，但是大概是我们从小就埋下了期盼圆满的种子，在物质生活并不丰富的年代，只有逢年过节才有全家团聚的热闹和一桌子喷香的饭菜。这些记忆一直存在于我们记忆的角落里，暗暗影响着我们多年来聚会的习惯，只有半小时聊天时间也要喝点东西，包场看个电影必须有爆米花，去唱KTV也得摆个果盘。好吃的食物能填满说话间的缝隙，让彼此的情感升温如同那锅热汤；好吃的食物能化解一切平日的劳顿，满脑子想到的都是欢乐的事情，谁还管它什么升职加薪的烦恼！这也许是我们躲避生活压力的小小叛逃。因为在你最熟悉的人面前，我们不需要伪装，在你最喜爱的食物面前，你也能笑得像个孩子一般。

小时候，一起放鞭炮的小朋友不管认不认识，都成为伙伴。桌子盘子都是圆的，不管盛放什么菜，同桌吃饭的就是自己人。所以想想那些抱怨自己的男女朋友过分好客，太喜欢热闹聚餐的人，其实也许你的另一半只是太专注于精神的暂时放空。

爱聚会的人哟，都是打开天窗说亮话的人，性格也从来不藏着掖着，他们可能喜欢一呼百应的感觉，但是他们也从不勉强。他们有时也许会要点人畜无害的小脾气，让你知道其实你在他心里有多重要。

在我们一边抱怨现在离开手机十分钟就会死的时候，不如拿起电话，拨给三五好友，约他们与你小聚怡情，大家吃吃喝喝顺便畅快地交谈，这恐怕是人生第五大幸事了吧！

孩儿他妈妈，麻酱糖饼

东方餐厅

251 P239 D-5

　　东方餐厅有全北京最好吃的麻酱糖饼，没有之一。一张好吃的麻酱糖饼，一般来说应该出现在一些不起眼的小馆子里，负责制作的通常是店里的阿姨，四五十岁，圆圆的脸上挂满笑容。要是问及糖饼好吃的原因，阿姨们都像串通好了一样地回答，家里就是这样的做法，没什么特别。那人情味就是麻酱糖饼的必杀技。所以，当麻酱糖饼突然出现在星级酒店的粤菜餐厅，就有点像小村姑嫁进大户人家当了少奶奶一样，少不了被人质疑它的出身和品位，能不能透着小馆子里面阿姨做的那般亲切劲儿值得研究。

　　吃过了东方餐厅，你就拜见过了麻酱糖饼界最有味道，最让人欲罢不能的少奶奶。它家的糖饼层数多，烙得脆，酱料足。一定要趁热吃，咯吱咯吱作响更有食欲。最上层的饼皮，进嘴就在热气里碎裂，然后是满嘴的酱料。下料又猛又均匀，全世界每个角落都没被遗漏，每一口都有酱汁在翻涌。加了红糖的麻酱超好吃，更纯粹，更浓甜，更踏实。

三人聚餐

麻酱糖饼就是有种神奇的魔力，它和很多人的儿时回忆绑定在一起。吃到这口好吃的糖饼，一个环游世界的骨灰级吃货情不自禁地说："这就是我小时候的味道！我七岁那年啊……"要想打开谁的话匣子，不一定要掏心掏肺培养感情，一块麻酱糖饼就能帮你大忙。

麻酱糖饼

阿龙排骨

过桥大排也是它们的招牌，整块的猪排骨经过了入味之后再浇汁。汁液有点像南汁腐乳，带一点甜味，腐乳中又有一点酒香，与其说是传统的中餐，倒更有点像西式浇汁肋排，但酒香味又透出江南风韵。酒味、南乳味、肉汁味交融在一起，是无论南方人还是北方人都能接受的好口感。

三人聚餐

在国贸附近出品稳定又实惠的餐厅太少，东方餐厅已经快变成附近白领的午餐首选了。你既能尝到接地气的食物，又能保证吃到舒心的质量，而且它们家会不定期举办美食周。上次我去吃麻酱糖饼的时候就赶上了桂林美食周，桂林米粉、柳州螺蛳粉、南宁老友粉都做得挺地道。再上次去吃麻酱糖饼正好是川味美食周，乐山辣子鸡不在菜单上但味道绝对爽辣正点。下次去会赶上什么我还没想呢，但麻酱糖饼是必需的。东方餐厅里一定藏了一个特别牛的面点师，煎饼果子居然也好吃，不信你试试。

- 东方餐厅
- 粤菜
- 麻酱糖饼 96 元
  阿龙排骨 88 元
- 11:30—22:00
- 010—65052277—34
- 朝阳区建国门外大街 1 号
  国贸饭店内
- 地铁直达 有停车场但价格较贵
- 出名门，低调汇中式美食

民族的也是世界的
一轩饺子馆

虾子很细小，盛在碟子里是辣椒面一样的橙红色，包在馅儿里几乎就看不见了，但是香气特别霸道，鲜有不得了。

一轩饺子把哈尔滨饺子做出了国际范儿。第一次去的时候，我坚持认为门牌号写错了! 饺子馆难道不应该是小小一间吗? 里头难道不应该是大白墙配日光灯和小板凳吗? 这分明是家有品位的日韩料理店，或者是做时尚创意菜的餐厅才对啊! 此时我顿觉，聚会吃饺子也可以很洋气。

包饺子的地方紧挨着用餐区，你能隔着玻璃看到干净亮堂的工作间，包饺子的姑娘和大姐心理素质超好，不怕被层层围观。姐妹们动作麻利，配合默契，一人擀皮一人包馅儿。枣弧形的擀面杖擀出的饺子皮很特别，中间有一个窝，能装下更多馅料。只见包饺子的大姐把饺子皮贴在馅料盆边，一手把馅儿拨进去，另一手一颠一转，没封口的饺子就乖乖停在半握的虎口上，再用手一捏，一个圆嘟嘟的饺子就诞生了，整个过程才几秒钟。手法娴熟，现包现吃，客人们不用等很久，真要良心点赞了。

最受欢迎的是三鲜馅儿饺子。跟别家木耳鸡蛋鲜肉，或者虾仁韭菜那种三鲜不太一样，一轩的三鲜馅儿饺子里面包的是鲜肉、虾仁和虾子。虾子很细小，盛在碟子里是辣椒面一样的橙红色，包在馅儿里几乎就看不见了，但是香气特别霸道，鲜得不得了。若是煮汤的时候捏上一小撮虾子放里面，蔬菜汤也能喝出琼浆玉液的感觉。不光馅料特别，饺子皮看起来也会让姑娘们喜爱。这皮柔滑、细腻，洁白而且富有弹性，像护肤品广告里的女明星一样。这是因为用了高品质的进口麦芯粉和面，醒发时间刚好，再加上手工擀制，才让普通的饺子皮像打了玻尿酸的脸一样晶莹剔透，吹弹可破。

三人聚餐

热乎乎的饺子，配上自家做的杀猪菜，满桌都是浓浓的北方味。

酸菜粉丝

改变大多数人对于饺子馆的看法，把再家常不过的食物精工细作，经过多年的付出和坚持，摇身一变从丫鬟金锁变成艳惊四座的国际范。拥有华丽的外表还保持质朴的内在，这更是难能可贵了。

一轩饺子馆

饺子

锅包肉 48 元

酸菜粉丝白肉汤
大 32 元　小 28 元

11:00—22:00

010—64321288

朝阳区将台路 6 号丽都维景饭店
乡村俱乐部 101 室

收费停车 5 元 / 时

聚焦饺子，越品越有

温情任意门

一家一饭堂

255 P245 Y-3

每个人都有不同的气场，餐厅也是。中国大饭店富丽堂皇的咖啡厅坐满戴金丝眼镜的生意人，各种方案和计划满场飞。而你到了北新桥三条，每个卖烤羊腿的小馆里都能听见白酒穿过咽喉时的咕嘟声，哥们儿义气比天大。

一家一饭堂的气场很特别，第一次去吃饭的人很容易会喜欢上它。那是一种似曾相识的亲切感。像是外婆家的客厅，像是自己理想的家居改造后的样子，人情味儿够浓，同时也让来这吃饭的人真正体会到了宾至如归的舒服。喜欢来这儿的人们有一个共通点，就是都喜欢电影和音乐。想想也说得通，这里的布置确实是复古电影的场景，男女主角可以在这里认识或分手，老人家也可以在这里感怀青春，上演几出人间悲喜剧。

饭堂做的是道地的潮汕风味。冻蟹、卤水、白切鸡、牛肉丸都是点击率很高的家常潮汕菜。听店主说，最初把蟹冻来吃，是因为渔民出海没有时间吃饭，趁天冷的时候把蟹冻好带在船上，没想到海鲜本身的汁水因此被收住，吃起来更加鲜甜，蘸点白醋就已是美味。

大闸蟹一定要趁热，冒着被烫死的危险掰开蟹壳深吻下去，那种黏腻的鲜甜可以让每个人食指大动。而冻蟹则恰恰相反，它鲜美但不张扬，清凉又不冰冷，容得你们在谈笑之间慢慢品尝。如果运气好，碰到店主亲自看店，他还会给你们泡壶凤凰单枞，喉咙到胃肠瞬间就被浸润了。

芋泥也是我的大爱。芋头在平时总被当成配菜，没办法单挑大梁。它口感太干太面，就像一个美女站在面前，一开口说话却是铁岭莲花池水沟子的乡音，让人兴致全无。所以，好的芋泥必须加糖，再用猪油细细炒过，点缀上两枚银杏，滋味就瞬间变得丰满圆润，我都能把整碗吃光，连碗都舔干净了。

📖 一家一饭堂
✳ 粤菜
⭐ 冻蟹时鲜价（按进货价定）
　白切鸡 58 元
　芋泥 20 元
🕚 11:00—23:00
📞 010—64624036
🏠 朝阳区亮马桥路甲 46 号
　亚星大厦 1 楼
🅿 路边收费停车
💬 没有它就没有家 没有家哪有爱啊！

芋泥

白切鸡

卤水

冻蟹

牛肉丸

素食心肠一片澄明

三摩地

254 P244 S-3

素食这件事，听起来容易做起来难。素菜的致命伤在于，无法将很多生鲜的味道直接明确地表达出来。就算选用了名贵的山珍，少了海味的帮衬也难免气势不足，所以很多素食餐厅喜欢把食材过油或是猛烈调味，来弥补鲜气不足的遗憾。三摩地的主厨赵彬是素食界的个中高手，他想了很多办法，让素菜的口感也一飞冲天。

豆制品是素食领域的生力军，如果没有腐竹、豆干、嫩豆腐它们的存在，只剩青菜的世界还有什么乐趣可言。素食界大厨们开发了豆制品的各种形态，赵彬则是用豆浆和鸡蛋做出了这道柔嫩鲜美的金汤碧绿豆腐。这道金汤碧绿豆腐上层的菠菜碎湛清碧绿，下层的南瓜蓉熬制的汤羹澄净鲜黄，中间的豆腐比日本豆腐口感还细腻。这道菜真是把素菜的元素运用得淋漓尽致，汤羹、菌菇、蔬菜、豆腐的混合口感与味道在嘴中融会，合奏一曲祥乐。南瓜的鲜甜味很出挑，简直回味无穷。当时红遍全国的美食纪录片《舌尖上的中国》播出了这道菜制作时的几个画面，没想到之后真的有不少人找到三摩地，就为了一品真滋味。

金汤豆腐

有些餐厅是以不变应万变，一招鲜吃遍天。但是三摩地不同，要是不隔三差五翻新花样就觉得人生有遗憾。像这个豆腐包，外面是蓬松的豆皮儿，包进了各种蔬菜的馅料，看上去像个福袋，形式够别致。

三摩地还有个雅号叫素食茶艺空间，所以中式下午茶的魅力也是不能忽视的，各色清新雅致的茶具搭配茶点，静坐片刻，三言两语地闲聊，时间会过得飞快。像是豌豆黄和菊花豆腐汤，在餐后小憩之时品尝，应该会尝出另一番天地吧。也许品茶谈天的间隙，你抬头望一眼静坐的佛像，瞬时也会有五感通透，静心如水的心境。

口袋豆腐

豌豆黄

菊花豆腐

素辽参烧松茸

赵彬本人是个极爱学习与创新的人，他的灵感可以来自大江南北，带着天然的灵气。去四川采风的时候，他便带回了很多当地特色风味的料理方式。从湖南回来，菜单上又会多几道下饭的新菜。有次我问他，你厨艺那么好，只做素，等于少了半壁江山，为什么选择在素食餐厅做事？他说，荤菜做得好的人太多，好厨师不容易被大家记得，素菜不好做，做好了你不就记得了嘛。这话听起来有点小聪明，不过做好了三个字当中包含的可就是大智慧了。

三摩地

素菜

金汤豆腐 38 元
菊花豆腐 38 元
口袋豆腐 36 元

9:00—22:00

010—84531644

朝阳区新源南路 16 号世方豪庭 2 楼

免费停车

素食穿肠过，佛祖心中留

西餐大乱斗
乌巢比萨主题餐厅

254 P244 W-3

在三里屯机电研究院里，有一家店的牌子很大很明显，但只有去过或者被带去过的人才知道入口在哪里。在去的路上，就像儿时的探险，时时面临下个路口就迷路的风险，所以当你和小伙伴们到达时，惊讶与欣慰一定化成了满足的欢呼。终极考验是如何进门，因为门口什么明显提示都没有。如果你气沉丹田地喊出"芝麻开门"，那么恭喜你，你上当了！其实这个门是触摸式开关，其实开关就在墙上，只不过整面墙乌漆墨黑，实在是太好的掩护了。

进入餐厅后你会发现它们家从环境到菜品都主打一个"乱"字。整个装修风格就像一个乌鸦的巢穴，黑色主调，层叠的树枝，屋顶上涂鸦随处可见，桌子凳子也都摆得很随意，如果你想拼桌就直接把两个桌子拉在一起就行了，毫无章法可言，也不会破坏什么整齐划一的美感。

水牛城鸡肉沙拉你会以为鸡肉是配角对吧？你在别的西餐厅点一个鸡肉沙拉，鸡肉都是被切成小块的点缀，而向来不按常理出牌的乌巢，却会把刚烤好、调好味的大鸡腿整根丢在沙拉上。吃这道菜的必须眼疾手快，你需要在众多小伙伴还在惊讶沙拉也能

这么做的时候，便快速下手，将鸡腿抢到自己的盘中，否则就只剩下吃菜的份儿了。

垃圾桶比萨这名真心不讨喜，但是谁能想到这是它们家最受欢迎的菜品！在这张比萨上，你会见到各式各样的肉，如意式小香肠、意式萨拉米肠、圆丁小肉肠、鸡肉丁、猪肉丁，还有各式各样的蔬果，如香菇、口蘑、黑橄榄、青红椒、起司、菠萝等等，总之在厨房能见到的食材通通都会出现在这张比萨之上。这张看似没有章法的超大比萨，少说也有28寸，特别适合多人分食。虽然也有小号的，但来它们家的人都是冲着大比萨来的，体会大口吃比萨，大口喝啤酒的美式快感。

水牛城鸡肉沙拉

垃圾桶比萨

巧手洋葱圈

除了比萨，只需蘸一点简单的酱料就能满足感爆棚的洋葱圈、炸鱿鱼圈等小吃也是高热量标配，虽然这些都属于不健康的油炸食品，但小伙伴们从一进门开始就一直被惊喜充斥着感官与心灵，此时精神胜利法早就已经胜过食物本身带给我们的愉悦感了，热热闹闹嗨嗨皮皮才是聚会应该有的节奏。我的好兄弟，央视主持人尼格买提是在这里求的婚，这种事我会随便说么。长胖是明天的事儿，今天先要爽翻天！哎呀，别激动，再来一张28寸的比萨压压惊。

烤制的时候用叉子叉出很多的眼儿，以便酱汁渗下去，这样比萨才更进味。酱汁不是单纯的番茄酱，新鲜番茄和植物香料有地中海的气氛，而上层的各种肉类又让它呈现出烧烤、烟熏味、肉香和酸甜，当真千变万化，比萨上的N种食材交相呼应着转圈圈，谁还管自己吃的这叫垃圾桶。

乌巢比萨主题餐厅
西餐
垃圾桶比萨 167—247 元
巧手洋葱圈 25 元
水牛城鸡肉沙拉 45 元
11:00—23:00
010—85236655
朝阳区工体北路 4 号院机电研究院内
院内收费停车
比萨店里的豪放派

浓汤好料全城热恋
官也街澳门火锅

247 P239 G-2

吃火锅是件很有趣的事，虽然叫火锅，可是所有东西是在水里煮的。虽然我们吃锅子里煮出来的东西，可是很少有人会去喝锅里的汤。四川火锅都是辣子和红油自然不能喝；老北京涮肉的清汤，淡而无味也没有人喝；番茄锅底、菌汤锅底呢，你又觉得涮完各种东西嘌呤太高不敢喝……那么，又能吃肉又能喝汤的火锅，只剩下这一家了。认真煲汤，食材过硬，最终修炼出了火锅中的战斗机。

官也街汤头讲究，摆上桌的汤底都是提前一天连夜熬制的，不光汤料够足，费天然气也毫不含糊。汤是鲜甜的，你一口就能喝出敦实的味道，就是那种舍得花费功夫和时间才得来的好滋味。

第一次去官也街是一个冬日傍晚，本以为是个小聚餐，去了才发现有好多认识和不怎么认识的朋友。我趁大家彼此寒暄的空当找了个角落坐下，给自己盛了一碗汤。霎时全身暖意回潮，紧缩的毛孔也开始舒张，我听不进他们在旁边热闹的讨论，直到喝完一整碗汤，愉悦地发出长长的叹息才又魂归人间。锅里的玉米萝卜看起来好美妙，骨头肉柔软

涮品中会有超大的帝王蟹、龙虾刺身、象拔蚌等海产品，而且品质都很高。海鲜类的产品要吃到好东西必须要去有名的大店，因为名店有直接而优质的供货渠道，这样才能拿到品质一流的食材。

帝王蟹

猪骨鸡脚煲

师傅们每天凌晨入店开始煮汤，大汤锅从夜里一直翻滚到天亮，大棒骨和鸡脚在汤里缠绵，你侬我侬之后还要再加上青白萝卜、胡萝卜、玉米小火慢炖几小时。

他们家最有名的装饰就是这缸水母，辨识度超级高，光、氧气、水质等的标准绝对要够好，水还要不断循环，水母才养得活。老板很追求完美，生生地把水母墙做成了活招牌，人人到店都要在门口合影。

地等着我把它从锅里捞起来。殳俏小姐说"仙人都爱啃骨头"，我举双手双脚认同。剔骨肉的香味是其他大块的鸡胸鸡腿无法比拟的。汤汁熬得又浓厚，咸淡又适宜，吃软骨的同时再来一块甜度高的沙窝萝卜，在冬天的时候简直可以舒服到每个细胞。玉米也是特别的水果玉米，非常甜。所以这锅汤的甜度和鲜度令我折服，有人形容说："喝一碗，鲜得眉毛都掉了。"喝上这样一碗美味的汤，紧接着再涮些极好的肉，无论是肥瘦搭配、脂肪分布极好的牛肋排，还是各种高大上的海鲜搭配都有供应，让你在感受好食材和饱足感的同时，又满足了聚会其乐融融的好氛围。

官也街澳门火锅

澳门火锅

澳门鸡脚猪骨煲
118元/小　180元/大
海鲜拼盘 480 元
自制海鲜调料 12 元

11:00—04:00

010—84078842

东城区东直门内大街 9 号 NAGA 上院公寓一层

就餐免费停车

火锅首选，汤承一品

百味归心 你好浓咸辣

懒人业余餐厅

懒人还业余？这餐厅的老板到底有多懒？懒到连招牌都不挂也是种风格了。那天我们顺着GPS的指引，翻山越岭来到了机场附近，在导航指示的那个院子里绕了好几圈，始终没发现餐厅的踪影。一位男士在门口摆弄花草，我过去问路，他说："就是这里呀！"说着用眼睛瞄了一下身边的小屋，一道窄窄的玻璃门，非常容易就错过了。原地转了好几圈，没想到餐厅一直默默地矗立在眼前啊！"为什么不挂个招牌嘛？"我问道，他的回答非常简洁有力："因为懒。"我知道，这位无疑是老板了。

几轮聊天后，我得知店主二人都是设计师，工作室开在楼上，自己好吃爱做，干脆把楼下收拾出来，改成餐厅了。餐厅像工作室，客厅像书房，处处透着随性自在。主人黄天哥有时是老板，有时是跑堂兼导游。他告诉你哪个柜子是根据维多利亚时期工艺复刻的，哪张桌子是自己设计做旧。你随便流连在哪个角落，都能看见精巧的细节，随便找把椅子坐下，就能开始一段愉快的对话。

他们做菜倒是一点都不懒。冬笋烧火肘最少需要十几个小时。把沉化三年，又黑又丑的贵州火肘拿到火上烧，烧到表皮完全炭化再用淘米水泡开，把猪皮刮干净，准备工作才算做完。之后再炖并剔骨，加上宜宾的楠竹冬笋，咸鲜四溢，味道厚重扎实。不过这道菜可不是天天都能吃到，别忘了这是懒人开的餐厅，这种菜色真得看老板有没有心情来摆弄这些食材，预订一下比较保险。

火肘炖冬笋汤锅

黄三哥是自贡人，特别热爱家乡菜，所以他家出品的自贡菜非常道地。这道鳝鱼就有明显的自贡风味，麻、辣、酸、香全部都在这一锅汤里面，你也说不清楚用了多少种调料。另外自贡盛产井盐，用井盐泡出来的泡椒和泡姜的味道绝对更胜一筹。当然了，因为这道菜要用到当地的食材，所以想吃也是需要预定的。

麻椒鸡看着隆重，其实是道凉菜。这是自贡人在家里常吃的一道菜。这道菜在这里卖130元一份，用的是两岁以内跑地的子公鸡，而且必须是"未婚男青年"。你说老板懒吧，确实是证据确凿，可是对菜品又莫名地认真执着。用清水煮完后再过冰水，用鲜花椒和藤

大蒜豌豆盘龙鳝

三人聚餐

为了麻椒鸡好吃，他们尝试过许多不同品种的肉鸡，最后发现了"未婚男青年"的优势。因为两岁以内的鸡紧实鲜嫩，所以拿来做凉菜的时候口感绝佳，而走地鸡运动量大故而肉质韧而且耐嚼。

麻椒鸡

椒油来制汁，吃起来特别麻特别爽。我问三哥，凉菜而已，这时候怎么不偷懒啦？他说不行，好多老乡特别喜欢吃这个，做不好要砸招牌的！地道的四川人一口就能吃出鸡的年龄，不敢偷懒啊！

他家很多装饰家具都是老板自己做出来的，在别家店肯定找不到一样的。老板心气一来，自己画张图纸照着就做出来了，多有意思。

🍚 懒人业余餐厅
※ 自贡菜
⭐ 火肘炖冬笋汤锅 280元
   大蒜豌豆盘龙鳝 168元
   麻椒鸡 130元
🕐 10:30—22:30
📞 010—64321966
🏠 朝阳区崔各庄乡何各庄村
   一号地艺术园D区
🚗 园内免费停车
🌶 满口清新，一品四川

来自星星的韩禅 style

爱江山

256 P237 A-1

丽都附近，靠近望京，韩餐馆比较多，韩餐对于北京人来说，最广为人知的除了泡菜，就是烤肉和石锅拌饭这两样，但爱江山因为股东有韩国人，所以能够出品根红苗正的韩式料理。店里的环境古朴、有禅意，一进门会有"古藤老树昏鸦，小桥流水人家"的感觉，连菜品也顿时戴上了古典精致的梦幻面纱。

韩式烤肉要做得优雅脱俗很不容易，它们家走的是高级韩定食的套路，所以立刻甩开其他烤肉好几条街。之前去韩国旅行的时候，在当地一百多年的古朴宅院里品尝过韩定食，竟然配了一百多道小菜啊！作为一桌优秀的定食，菜要多到把桌脚都压断的程度，每一样都是一点点，几口就能吃完，但是品种却非常多。在爱江山的桌面上你就能看见如此的阵仗，用泡菜酱和辣椒酱腌制的小菜品种不胜枚举。

我比较推荐二人套餐，包含各种各样的汤品、小菜、烤鱼。这之前觉得韩国的泡菜味道都差不多，每一种腌制出来也大同小异，但在你仔细品味之后就会发现，其实差距很大。泡菜本身的味道是寡的，它虽然辣却没有厚度，韩国人为了使泡菜吃起来有鲜味下了很大的功夫。会用到米汤、醪糟、南瓜、水果汁来配料，更有追求的还会放海

基本上就是韩定食的标配，虽然尝不到韩国百年老店那么多的道数，但是对于两个人来吃的话，这个数量已经很惊人啦。

贵族套餐

三人聚餐

传统腌牛排

它们家做的烤肉是真的用炭火而且是用白炭火烤的，不起烟。据专业人士讲，用这种白炭烤出来的肉味道会更香，可能是因为每种炭的分子结构不一样，挥发出来的香味物质也不同。因为烤肉是提前腌制过的，跟果糖会发生反应，在某一个温度下会碰撞出焦香四溢的味道。

鲜进去，虾米皮都不够高端，放生蚝来提鲜，整缸菜都会有这个味道。一个星期以后那美妙的味道就完全成型了。

传统腌牛排在很多韩餐店都有，做起来非常麻烦。你看这个肉的精细程度就能看出来，非常整齐，把牛肋排底下的一块肉，一点点地片，片成一个卷，厚薄均匀。它们家极其追求这种外形上的整齐，会把边角都剔下去，这么做很废料，所以价钱高也是有原因的。韩国人很喜欢用水果等食材来腌肉，我吃过最独特的是放柚子茶。据我猜测，韩国人吃烤肉却胖子很少、皮肤很好的原因：一个是泡菜中发酵的物质比较多，有助于消化，还有一个就是烤肉的时候腌制的这些东西，油分很少，营养元素很多。加了水果之后，肉的味道不仅没有被掩盖，还多了几分鲜美呢。这种精工细作又爱琢磨，花刀上也下功夫花时间的师傅，才能完成一桌好的传统韩式料理。

《星星》的热播带火了一大堆炸鸡店，不少韩国料理店都争先恐后地卖起了炸鸡和啤酒。爱江山没什么动静，还是静静烤着自己的云淡风轻。谁知道下部剧又会兴出什么style，好好做自己也是一种style！

主食就是糯米面里加了馅料，在韩国的定食中这种主食可能会有好几盘，包不同的馅，做不同的形状、颜色，但其实都是蔬菜汁和糯米的搭配。口味很多，你认为小粉红、小绿可能是甜的，其实是咸的，看见这个小圆球可能是咸的，但却是甜味的。有很多让你想象不到的惊喜。

爱江山
韩餐
贵族套餐 196 元 /2 位
传统腌牛排 218 元
10:00—22:00
010—52721020
海淀区正福寺 2 号板井路网球场内
免费停车
欧巴不下江南也是韩食控

名家后厨 独好这一口

饭前饭后

247 P239 F-1

有这么一家店，你一进门可能会觉得自己走错了门。抬头看看那些大大小小的名人合影，你又疑心自己是进了某个名人摄影展。No No No~别再胡思乱想了，前来领位的服务员一定见惯了这样的反应，只会微笑着请你入座开始点餐。饭前饭后就是有这么多明星名人都爱的好吃处，因为这里不仅好味不贵，更是因为它们祭出的私房菜品在这个"大舞台"上同台竞技，要是哪个食客独爱某家的私房菜，想必当事人也会在相隔万里的地方打个愉快的喷嚏吧！

画家或者说美学大师的奥义我等凡人恐怕不太能懂，不过就跟音乐是相通的一样，在吃这件事儿上，大家的感觉也是差不多的。彩虹蛋就出自台湾著名画家黄木村的私家独创。拥有色彩能量学理论这一学术研究理论成果，业内很多人都把他当做标杆式的人物敬仰。平时他的画作就色彩鲜艳且明亮，这一使人欢愉的特色也运用在了做菜中。咸鲜微辣的口味，让这道小凉菜迅速成为了食客们的心头好。

彩虹蛋

把鸡蛋黄打碎后均匀搅拌制成固体冻然后将皮蛋、咸鸭蛋、朝天椒等食材均匀分布其中，星星点点乱中有序，色彩更是青红翠绿，好不热闹。

樱花虾炒饭

万里粗豆腐

被誉为亚洲剧场之翘楚的赖声川大家肯定都不陌生，他优异的话剧天分从29岁起就开始崭露，《暗恋桃花源》和近些年的《如梦之梦》成为了广大文青心目中的神迹。这款不丹牛肉和家常的红烧牛肉不同的是选取了牛腱子腿肉，搭配丰富且馥郁的不丹香料，经过3个小时的煮炖，形不散，味道完全浸透，肉质依然口感极佳，不过分软烂又不至于柴。

那道粗豆腐，别看它品相一般般，却是出自名门啊！万里先生的女儿万紫，出品的这道菜味道清淡，口感质朴，回味香甜。中间的那一小撮是酱菜，菌类和蔬菜混合的选材，与磨碎的豆腐搭配送入口中简直是享受，一口吃出家的味道。樱花虾炒饭听起来就心神荡漾，仿佛看到无数樱花花瓣散落，四季时节的变迁就在眼前。充当樱花散落的是台式肉松，甜咸口感，肉松细腻，有空气软绵感。这道菜出自林磐耸教授，他是台湾美学界的一位大师。大师的心境我们很难揣测，幸好有这道菜能够在味觉上让我们稍微靠近大师一点。作为主料的樱花虾口感爽脆，干香可口，混杂蔬菜碎是为了解腻，蔬菜的口感略带青涩，刚好解除过分的饱足感。

三人聚餐

不丹牛肉

所谓龙生龙，凤生凤，赖声川的女儿也许是继承了她父亲挥洒自如的天性，远嫁不丹的她也不忘将当地的美味偷师回来，让味蕾的舞台也碰撞出别样的火花。

- 饭前饭后
- 台湾菜
- ★ 彩虹蛋 38 元
- 不丹牛肉 98 元
- 樱花虾炒饭 88 元
- 11:00—22:00
- 010—64096978
- 东城区东四十条 22 号南新仓文化休闲街内（近东门仓胡同）
- 南新仓大厦地下车库 6 元 / 时
- 名家出名菜，形而上的味觉享受

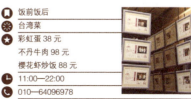

齿间云南 乡味不远

泓泰阳

252 P240 H-4

　　我长大的地方是不流行吃面食的。在米饭、米线、饵块的世界里，馒头花卷面条像是班里成绩一般，长相一般，性格内向的同学，你知道他一直都在，但是经常想不起来。倒是有一个例外，它的名字叫破酥包。跟所有包子都不一样，包子皮按酥皮点心的做法在和面的时候加了大油，蒸出来有起酥的效果。抖一下就散开来，层层叠叠，又破又酥。酱炒的香菇肉丁做馅儿又香又实在，一粒一粒嚼在嘴里存在感极高。猪油的古早味勾起肠胃最底层的欲望，在蓬松松的热气里，多么暴躁的饥饿感都会在几口之间被平复。吃完后还忍不住要把油乎乎的手指都舔一遍，这样才对得起包子里里外外的好味道。

　　由于制作复杂又卖不上价钱，昆明也只有几个老店还能吃到好吃的破酥包，想不到在北京1919艺术区里的泓泰阳餐厅，居然有这么棒的破酥包，跟记忆中老字号出品的一个味道，但是个头更大，一个包子能塞满一个碗。我带好多朋友去那里吃过破酥包，每个人都深深爱上了它。

破酥包

腾冲土锅子

店里摆设的大铜锅是云南那边烧饭经常会用到的器具，旁边的锅盖是云南十八怪里提到的"草帽当锅盖"，草绳编起来的锅盖，第一是保温聚气，第二是做出的食物会带有植物香气。天气好的时候下午可以在外面喝茶，像是到了泰国普吉岛，轻沙白嫂，是个很慢很舒服的地方。

诺邓火腿

舌尖上的中国炒火了诺邓火腿，咸度不高，但是肉香四溢，因为经过长期的烘干和悬挂，肥油的部分已经风干了，皮也很脆韧。这道菜来之不易，诺邓火腿两三年才能风干成型一批，产量又低，老板每个月亲自回云南采购，每天限量 15 份。

　　家乡的味道是我的强心剂，小锅米线在云南就很有名，早饭、午饭、晚饭和夜宵都会吃，它的地位等同于炸酱面在北京人心中的地位。小锅米线的锅差不多就是一个碗那么大，云南的街边小店都是连着 6 至 8 个火眼并排煮的，师傅们固执地认为只有铜锅烧出来的水，做的米线才最好吃。里面的配料非常简单：酸菜、韭菜、肉末，剩下的就是酱油、醋和味精了。如果说云南当地和北京这边的味道之差那就是昭通酱了。这个酱本身有一种微微的咸辣，有红油还有豆类发酵的臭味，这种味道完全融合在汤里，配上酸菜的味道，再加上肉末的肥腻就特别完美，是不是地道的昆明味道就看那一勺了。

　　家乡的食物给我的安全感，会让我意想不到地踏实。就算离家十年，它依然在我最需要的时候给我慰藉。重要的事情不会忘记，只是暂时封存在记忆深处，偶尔拿出来回味就很美。

 泓泰阳
☀ 云南菜
★ 破酥包 12 元
　 诺邓火腿 48 元
　 腾冲土锅子 98 元/小 128 元/大
🕙 10:00—22:00
📞 010—65715556
🏠 朝阳区三间房南里 4 号院（1919 小剧场对面）
🚗 免费停车
🌿 心中暖阳，吃得一口安心

三人聚餐

小锅米线

旧壶新酒 京范儿局气
五代羊馆

256 P244 W-2

刀切羊肉和老家羊汤

　　以前在我家附近有个小馆儿,地方不大,条案和官帽椅永远擦得泛光,小铜壶里四季不重样的甜汤。菜单上菜色不多,但时不时就有新东西可以尝,处处透着老北京人的讲究。下班晚了没地方吃饭,我就去点一份辣爆仔鸡,配个烤肉丁馒头,吃得特舒服。我一直把它当成自家食堂,老板把我当朋友,我叫他韩哥。后来房租到期,小店就关了,吃惯了的食堂就这么没了,我伤心了好一阵子。

　　两年后,突然听说韩哥开了新买卖,离我家还不远,我第一时间就跑去探路。一进门,发现当年胡同里的小馆如今变成了气派的四合院,地方大了不少,而那些桌子板凳还是干净整洁,有种低调的亲切感。它的堂屋、大包间很像之前贝勒或者格格的府邸,一定程度上满足了北京人对院子的怀念。

　　如今菜单上最醒目的是一碗羊汤。韩哥喜欢琢磨,有一次他去山东旅行,在一个小店喝到了那碗与众不同的羊汤,他不肯说试了多少次，费了多少力气才把那碗羊汤的秘密带回到北京，我也不再追问。看惯了奶白色的羊汤，头一次见羊肉汤那么透亮，口味也一改浓重绵长，变得十分清新。肉香之外还有酸爽，撒上香菜末来点胡椒粉，一碗喝出通体舒畅。

有一道压桌的小凉菜，它是在老汤里加了话梅，把花生米和核桃给浸熟。这道菜的用心在于花生和核桃都给你剥好了，每颗花生保证里面是三四个仁，大小均匀。跟坚果

的硬壳较劲，本身就是一件很费工的事，但是把寻常的东西做出不寻常，就是老北京人对于"讲究"二字的执着。饱满红润的颜色，味道咸中带甜，散发着料香和酒香，吃着吃着就想喝口小酒，就想和旁边的朋友说点掏心窝子的话了。

这个榛蘑大花卷更不寻常了。花卷本来就是众多主食里长相比较花哨的了，他居然还给花卷加上了榛蘑碎，再拿去烤箱里把外皮烤出焦香。变身之后的花卷，外皮酥脆，榛

大鲁核桃花生

山蘑鹿肉烧对虾打卤面

榛蘑大花卷

蘑的碎粒虽然躲在面里吃不太出来,但香气是不容忽视的。世上最华丽的花卷就这么诞生了。

山蘑鹿肉烧对虾打卤面也有可能是北京城里最华丽的打卤面。打卤面很常见,但用手掌那么大的对虾浇汁打卤的就显得异常奢华了。油焖大虾汁料味道发甜,作为面条伴侣出现有点尴尬,这款烧对虾却肉香浓郁,咸鲜弹嫩,吃的时候千万别忘记大虾是面条的浇头,要是一下子把虾肉都解决掉面条可就一穷二白了。最好的方式是用筷子把肉一点一点地剔出来,把壳嗦干净,然后再把面和虾拌了,大快人心。

小家碧玉如今把高大上的菜也都拿捏得分寸得当。等到草长莺飞的春夏,往小院里一坐,点这么几道舒心可口的饭菜,老北京情怀满血复活。

五代羊馆
鲁菜
刀切羊肉和老家羊汤 108 元
榛蘑大花卷 26 元
山蘑鹿肉烧对虾打卤面 68 元
10:00—22:00
010—62657166
海淀区苏州街 29 号院权品院内
(八一中学北)
免费停车
小馆飞升,闹中取静聚餐时

几人请客

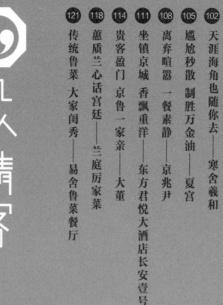

99 淡妆浓抹总相宜——新荣记

102 天涯海角也随你去——寒舍嵗和

105 尴尬秒散 制胜万金油——夏宫

108 离弃喧嚣 一餐素静——京兆尹

111 坐镇京城 香飘重洋——东方君悦大酒店长安壹号

114 贵客盈门 京鲁一家亲——大董

118 蕙质兰心话宫廷——兰庭厉家菜

121 传统鲁菜 大家闺秀——易舍鲁菜餐厅

宴客，请上座

有一句话我非常认同："You are what you eat." 我还想补充一句，你去哪里吃饭，就是什么样的人。最初我们都是小团体动物，钟爱小馆、麻辣烫、小烧烤、家常菜……地方小而隐蔽，舒适并充满人情味。吃什么不重要，吃的时候有安全感比较重要。那个时候，星级酒店里的餐厅，轻易是不会进去的。总觉得那不是自己的地盘，去吃饭像去打仗，高跟鞋、手包、漆黑的眼线和坚定的口红都得全套配齐。仿佛只有全副武装，才不会被见过大人物的餐厅侍者看低。人在迎战状态下，真的无法放松享受美食，害怕拿起刀叉的姿势露怯，或者一不小心点到什么又贵又奇怪的食物。当时你是金丝雀，生活圈子只有鸟笼子那么大，探秘大自然或许有诱惑力，但敌不过对未知世界的恐惧。

时光荏苒，你或许依然为心里的金丝雀保留着一席之地，而生活圈子已经从鸟笼子变成了万人体育场。身经百战之后，你敢于卸下无坚不摧的装束，再高级的餐厅，你也自信懂得厨师的术语。依然爱吃酸辣土豆丝，也深知阿尔巴白松露的魅力，北冰洋汽水配羊肉串长存，T骨牛排配作品一号也很好。

是不是应该再补充一句，享受美好的食物，成为更丰盛的人！

当然，如果你天天奔波在高档餐厅，疲于应付餐桌上的生意，这一章或许可以为你提供一些新鲜地点。又或者，请直接跳过这一章，去胡同里感受轻松惬意吧。

淡妆浓抹总相宜
新荣记

250 P245 X-2

昨天去剪头发，发型师问我："总是翘起来的那几缕头发要不要烫一下？"

"是说烫过之后就永远服帖了吗？"

"任何事物都有赏味期限啊，烫过的头发，好吃的饭菜还有爱情，都一样。能保持三个月吧。"

三个月，不知道他说的是头发还是爱情，反正不可能是饭菜。一道好菜的赏味期限，只在当下。

红烧辣螺

大陈岛特产的辣螺，最地道的本地做法。

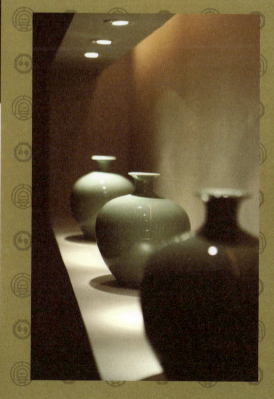

生活在泥滩上的青蟹比湖里的还娇嫩，五六月是它们的花样年华。

干煎青蟹

厨房里的锅子烧热，把葱姜爆香，青蟹劈开扔进锅里煎，烹上老酒和酱油，在香气中翻匀出锅，满盘秋水连天的金黄。这盘中的景色像打到沙滩的海浪一样，每一秒都在悄然消退，必须趁热，才尝得出那几只产自海河交界处的青蟹，肉质多么清甜柔腻，连大闸蟹都给比下去了。

新荣记善用江浙本地质朴的手法烹调上等食材，连烧盘白萝卜都只用高山嫩萝卜的心儿，汁水多又清甜。宴席上吃惯了燕鲍翅的大佬们，阅过各种浓艳优雅，突然出现这样素面朝天的美女，想不倾心都难。好在此地饭局的私密度超高，谁的喜形于色都能得以保全。就把这当下的好味当成彼此间的秘密，只为你们心领神会。

荣记萝卜片

- 新荣记
- 浙江菜
- ★ 荣记萝卜片 78 元
  干煎青蟹时价 400 元每斤
  红烧辣螺 380 元
- 午餐 10:00—14:00 晚餐 17:30—22:00
- 010—66180567
- 西城区金融大街 11 号洲际酒店 B1 楼
- 有地下停车库
- 不下扬州，也能一品江浙风情

几人请客

天涯海角也随你去
寒舍羲和

252 P240 H-5

这篇文章可以说是向当年有璟阁的行政总厨付洋先生致敬的一篇,因为他是我认识的年轻一辈的厨师中最让我佩服的人。他本人既能把中餐后厨做到标准化,又能把前厅繁复细碎的工作做得很好,虽然他本身是西厨出身,但做中餐创意菜却是把好手。有他在的那几年,有璟阁在京城斩获了无数奖项。但是在2012年年底餐厅易主了,他带着深受我们喜爱的菜肴和满满的创意来到了寒舍羲和。

中餐和西餐烹饪的最大区别是出品的标准化。西餐讲究精确,什么东西多少克、什么温度、多少时间都有标准,失之毫厘,谬以千里;而中餐却是经验与火候的艺术,很难讲清楚那份好味道究竟来自几分几秒。付洋的厉害之处是他把西餐的精准挪到了中餐中来,把"经验之谈"量好了刻度。在中餐的世界里,一道菜好不好吃可能取决于厨师当天的心情,取决于用料的好坏,下手时盐多盐少,火大火小,都会让一道菜呈现不一样的味道。而菜品过程标准化的好处是,哪怕餐厅换了大厨掌勺,也能按照流程做出好的菜品来,无论何时都有始终如一的好味道。由于付洋有西餐的功底,他做的中餐装盘都非常漂亮,赏心悦目,你能透过菜品感受到那份用心。

八年花雕酒蒸黄鱼

其实说起来我绝对是个口味始终如一的人，十多年成长起来，口味还是像小·时候一样，爱吃土豆丝不爱吃鱼。直到品尝到了付洋做的八年花雕酒蒸黄鱼。大黄鱼勾一层浅红色的汁，像为了迎接你的目光特意上了妆一样，泛起娇羞的光泽。吃之前记得把酸柑的汁液挤在上面，配合着刚出锅的热度，鱼身会散发出夏日早晨的清香。醉人的酒香从鱼肉里头渗出来，不张扬不沉溺。清香，酸甜，咸鲜，嫩滑，几种滋味一层层沁入你味蕾，柔和悠长。

青花椒炝拌竹棒

这道岁岁平安绝对是有着好彩头的菜品，宴请时摆上桌又有趣又心仪。火龙果和洛神花茶调制的冰霜外皮需要我们动手敲开，然后便清凉四溢，在那寒气缭绕间，鲍鱼片与腊八蒜的搭配酸、甜、咸、麻的味觉都有，生津开胃的同时形式感也十分讨巧，高大上的鲍鱼与腊八蒜的组合新意十足，几乎是桌桌必点的餐前小凉菜。

熔岩巧克力蛋糕和冰淇淋是甜点的固定搭配了，但是这份甜点初上桌的时候你绝想不到衬底的那片绿绿的"小叶子"其实是面包来着。入口松软绵密，沾了冰淇淋的沁凉气息，更加的甜蜜可口，再挖一勺熔岩巧克力蛋糕，看着缓缓流出的巧克力浓汁，幸福感爆棚！

熔岩巧克力配茅台冰淇淋

所以对于这位改变了我多年饮食习惯的人，我相信不管他将来去哪家餐厅，都会为这家餐厅带来更富创意的理念、更美好的食物。而如今，我也会因为他这个人而跟随着他去吃东西。道理很简单，那就是可怕的习惯＋信任。

🏠 寒舍義和
🍴 创意菜
⭐ 八年花雕酒蒸黄鱼 258 元
　　熔岩巧克力配茅台冰淇淋 88 元
　　青花椒炝拌竹棒 68 元
🕐 午餐 11:00—14:30 晚餐 17:00—22:30
📞 010—85188811
📍 朝阳区东大桥路 9 号侨福芳草地 1 楼 C 座
🅿 地下车库停车
🌿 西为中用 美味追随不会累

尴尬秒散 制胜万金油
夏宫

254 P245 X-1

饭局的最佳状态是：口若悬河外加风卷
残云，所有不在场的人都得沦为下饭谈资。
我们这般没心没肺团的成员，最怕饭局选在
不熟的地方且桌上有不相熟的人，谁知你无
心开了句他 ex 的玩笑，会不会引得现任暧昧
对象动了杀心。要么一不小心说招牌菜不合
胃口，惹得做东的颜面扫地。就算碰到喜欢
的菜也不好意思多吃，怕在陌生人面前毁了
自己的淑女形象。

几人请客

双味河虾

油爆加清炒，
酸甜和咸鲜
举案齐眉，
淮扬风情一
口而尽

黑松露萝卜烧肉

这样的饭局听着就累心，谁知上次去夏宫用膳就遭遇了这样一回"鸿门宴"，但结局峰回路转，令我怀念至今。这全要感谢无可匹敌的黑松露萝卜烧肉。OMG！光是写下这名字，就已经令我食指大动了。

热乎乎的砂锅端上桌，揭开锅盖的瞬间，黑松露的香气就馥郁扑鼻，锅里满是温润透亮的"白玉石"（萝卜）和大颗大颗的"红玛瑙"（五花肉），绝对让你看在眼里馋在心间。

五花肉软糯入味，有了黑松露的加持，五花肉扶摇直上，成了骨子里透出若有若无香气的红娘子，带着久远的故事和回忆，只为此生再次与你相逢。萝卜也恰到好处，没了清脆单薄却平添了肉汁的饱足，软绵绵的入口即化。

霎时间，饭局中貌合神离的气氛灰飞烟灭，大家放下了谨慎、挑剔、毒舌和故作姿态，安然享用起这枚低调又奢华的定心丸，绝对的皆大欢喜！

如果有一天我要面对一个和自己不同频率，万般难搞的VIP，又迫不得已要讨他欢心，黑松露萝卜烧肉绝对是我的杀手锏！看他一步步沦陷于我布设的美味深渊，我自在一旁享受他待我如知己的夸赞，那种感觉美得无法言说，希望这个他不要看到本文才好呀。

夏宫

精致粤菜

黑松露萝卜烧肉 268元
醋熘大黄鱼 268元
双味河虾 218元

10:00 — 22:00

010—65055838

朝阳区建国门外大街1号
中国大饭店1楼

就餐免费停车2小时

八卦的嘴，贪心的胃，款款珠玑，逢凶化吉！

醋熘大黄鱼

主厨侯师傅的拿手菜，酸甜咸香，味觉盛宴！

番茄搭配鹅肝清新细腻。宴席上花样翻新才讨喜。敲碎而食，取不破不立的吉祥寓意

几人请客

离弃喧嚣 一餐素静

京兆尹

将京兆尹放在宴请的章节中特别合适，因为"兆尹"是古代的一个官称，"京兆尹"直接翻译过来就是在京当官的意思，所以借着餐厅名字的好彩头，无论是家宴还是商务宴请，这个位于二环边上，正对雍和宫的地段都是绝佳的选择。

在中国人的传统理念中，请客吃饭一定少不了鸡鸭鱼肉，但这些在京兆尹里通通看不见。作为一家全素餐厅，京兆尹一直朝着将素食尽善尽美的方向努力，所有的菜品都经过精挑细选，绝非通过油炸和调味料制成的仿荤菜。菜单设计合理，上菜顺序由淡到浓，层层递进，打破"素食吃不饱"的刻板印象。它家的理念也正符合当下人们注重健康，讲究食材本身营养的新观点。

　　茶油美人米炒芦笋尖是它们家菜单中的第一道。由于芡实米在北方很少见，而且多数品相一般，要么颜色偏黄，要么颗粒不均匀，这里的芡实粒粒饱满绵软，芦笋只取顶端最嫩的一点，用茶油炒制，完美保留了食材的清新，吃完之后，你一定会为品相与味道连连称赞！

这道百菇卤味饭是我最喜欢的一道主食。米饭上面的素肉燥由各种蘑菇做成，肉头儿的蘑菇口感丰富，黑椒酱和特殊的酱汁与夹杂玉米粒和紫米的米饭拌在一起，色泽诱人，就算你已经吃饱也还是会忍不住再尝一尝。

百菇卤味饭

雪藏枣泥绿豆糕

它们家的甜品会根据不同的季节更换菜单，所以这里既提供西式甜点又有中式下午茶，而在点心的组合中，我最喜欢味道清甜的绿豆糕。中间有夹心，但浓浓的豆香却难以掩盖，口感既酥又细。用模具将纯豆面压紧做成，不含任何添加剂，所以吃的时候也不用太顾忌形象，直接用手拿起来就好，否则一动用刀叉绿豆糕就会整体碎裂。

🔖	京兆尹
❋	素食
★	茶油美人米炒芦笋尖 79 元
	百菇卤味饭 49 元
	雪藏枣泥绿豆糕 58 元
🕐	11:00—22:00
📞	010—84049191
🏠	东城区五道营胡同 2 号（雍和宫桥南 150 米路西）
⬅	免费停车
✿	素食食静谧，大隐隐于市

这个藏于喧嚣，觅得竹林清幽的京兆尹由著名的建筑设计师张永和先生设计建造。灰白色的主调退去尘世浮躁，玻璃屋顶营造出缥缈的感觉。常年湿润、温暖的竹林让你感受生命徜徉于四季间的美妙，在这里喝茶、吃素、赏景、静心，本就是快节奏生活里一件幸事。

坐镇京城 香飘重洋
东方君悦大酒店长安壹号

几人请客

宫保鸡丁

长安壹号开在君悦大酒店的一层，大家总会觉得，酒店里面吃饭即便是中餐，口味也不家常，但它们家偏偏另辟蹊径，走了一个"乱拳打死老师傅"的路子，菜单里都是非常家常的家常菜，而且菜单在十几年间几乎没变过。它像个穿着时装的老北京人，有里有面儿，讲究传统也能用时尚元素挑逗你的神经。

宫保鸡丁是它家的头牌可真让人吃惊，与峨嵋酒家炒制的是完全不同的两个风格，选用不同种类的辣椒、糍粑辣椒、干辣椒等一起下锅炒制这道宫保鸡丁，特别适合北方人的口味。有很多地方为了追求宫保鸡丁的小荔枝甜口儿调味容易过于甜腻，但是长安壹号的宫保鸡丁完全就是咸鲜辣，鸡腿肉的口感绝对一顶一，色泽看起来就美味。用榛子替代了花生，还加入了夏威夷果吃起来不会有花生那么脆，但是能感觉到干果的油分和扎实的咀嚼感。

君悦这个地方老外来吃饭的很多，投其所好的味道才能出奇制胜。厨师用汁来烧鳕鱼，因为鳕鱼基本上没有刺，可以大块大块地和很浓味的酱香汁烧在一起。鳕鱼本身含的油脂较多，口感肥美，再加上它本身没有什么味道，所以用肉汁和酱香去调味，配合它本身的油润，外国人特别喜欢。用那个汤汁来拌饭也尤其好吃。这道菜在十年前就是想试做看效果的，结果反馈意外的好，于是成为菜单上保留至今的招牌。

最富老北京特色的炸酱面很多地方的小馆子都在做，但是在这里的一碗面是精致升华版的。第一，酱每天现炸，肉是手工剁的，肉剁得碎碎的，有点肉燥的感觉。这个就是见仁见智的地方了，炸酱里面吃大块的肉吃起来当然过瘾，可是没有哪家馆子会像自己家一样给你放大块的肉粒，几颗肉粒挑光了就只能看着面条暗自神伤！它们家肉燥的感觉就好似意式肉酱面，全都均匀地裹在面条上，每一口都吃得到，而且蔬菜菜码非常多，整整齐齐地铺在面碗上。小餐馆和大酒店的区别不只体现在味道上，每根蔬菜都得到认真对待，出品精细而稳定，一眼就看出大家闺秀的气质。别忘了吃的时候配一点青蒜在旁边，这样才是大家闺秀接地气的终极体现啊。

宫保虾这道菜其实别家有类似的，但是从虾的个头到做的手法，都因为是酒店出

汁烧鳕鱼

老北京炸酱面

品而有了质的飞跃! 不会出现虾壳和肉之间很空洞，虾不新鲜，吃出冰冻的感觉。它家出品的宫保虾有水准，皮肉分离却不断裂，酥香又不扎嘴，肉质新鲜有弹性。甜度也控制得刚好，挂的汁不会太厚，又要有辣味，还不能夺了甜味的柔和，所以做好这道菜特别不容易。

宫保虾

五粮液冰淇淋，听过名字我就觉得它是最厉害的饭后甜点了，虽然是很普通的咖啡巧克力冰淇淋里面加了酒，但是一个小小的改变却幻化出了极致的味道。非常少量的五粮液放在冰淇淋里，你吃第一口、第二口的时候根本就不会感到高度酒的存在，因为凉和甜让你的味蕾首先受到双重刺激，但是含化了咽完了之后，柔滑的酒香顺着呼吸，瞬间蔓延口腔和鼻腔，回味绕梁，三日不绝。星级酒店的创意和我们平时光顾的普通小馆是不同的，它们更多地抓住了形而上的部分，不用花哨的外表唬人，而是实打实地下好料做美味，这也是它们能长久立足的原因。

长安壹号甜品拼盘

几人请客

东方君悦大酒店长安壹号
北京菜
宫保鸡丁 78 元
宫保虾 388 元
长安壹号甜品拼盘 208 元
午餐 11:30—14:30 晚餐 17:30—22:30
010—65109608
东城区东长安街甲 1 号东方君悦大酒店 1 楼
地下车库停车
不是吹毛求疵，是姜还是老的辣

贵客盈门 京鲁一家亲
大董

251 P239 D-6

如果有非常重要的客人来北京出差，我通常会把第一顿饭安排在大董。这是我心中代表北京都市气质的首选餐厅，从品位到口味都万无一失。大董2013年开了数家新店，短时间内也宾朋满座，能有这样的号召力，全靠它稳定大气的江湖地位。无论何时何地，大董的菜品都保持水准。它的美不光是味美，每个菜品都是赏心悦目的艺术品。

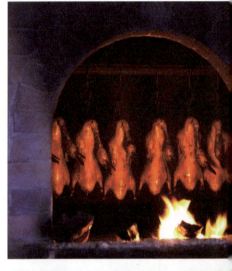

鱼子酱鸭皮

大董烤鸭

　　有一次我去大董新店的时候，偶遇了新东方的创始人之一徐小平先生，他跟我说："夕食大董，朝死无憾！"这么高的评价其实一点也不夸张。他的朋友很多，每次在北京聚会，除了大董他想不到第二个可以招待朋友的地方，可见大董已经成为了这些北京老饕心目中的一张美食名片，是北京餐饮的一个标杆。鲁菜打底，融会京范儿珍香，做北京烤鸭做出了国际范儿，东西漂亮，味道更出彩，方方面面都能拔得头筹。大董的烤鸭外皮焦酥，鸭肉细致，酱汁香浓，是无可挑剔的美味。可以试试大董先生对于烤鸭的独特见解，用鸭皮搭配鱼子酱，鸭皮的焦香酥脆融合了鱼子酱的鲜美圆润，简直就是一曲美妙的味觉华尔兹。

除了烤鸭，还有一道非常优秀的主食，并不是人人都知晓的，可是只要跟我去吃过的，都会深深爱上它。它就是"黑松露铁棍山药鲍鱼饭"。这碗饭在我心中堪比定海神针，多少挑剔又臭屁的专业人士都拜倒在它的美味之下。我最喜欢观察对方吃饭时面部表情的变化。第一眼看过去觉得不过是普通的鲍汁捞饭，等他嚼到第七八下的时候，时间会突然凝固在他脸上，那恍若隔世又不加掩饰的眼神，几秒钟后回魂又定定地看

葱烧海参

黑松露铁棍山药鲍鱼饭

着我，眼里散发出的满是欢喜的光彩！说实话，我都能感觉到他的肝脏都在冲我微笑。这种得逞后的愉悦融会成四个字就是：我！就！知！道！我们就好像在大树下发现了神秘宝藏的少年，那种欢喜和默契完全无法言喻。

吃过几口后，因为满足而发出长长的叹息声，黑松露的香味便充满口鼻，悠久而美妙。黑松露在大众眼中可能是一种非常高大上且神奇的食材，无论以哪种形式登场，它都会使整个菜本身的味道上一个层次，就好像突然注入了某种灵魂在里面。黑松露既可

以做到陈腐又能鲜味难挡，是别的食材无法代替的，充满大地的香气和神秘感，你无法准确地定义它，因为它就像是经过几千年而成的那一捧泥土，味道厚重又侵略性很强。大片松露就好比送给女孩儿的三克拉大钻戒，收礼物的人心中的愉悦可想而知。我总觉得松露的味道需要你有一定的年纪或者有了一定的见识之后才会喜欢，真正的好味道是一种回归食物本身的味觉体验。而这在年轻的时候是理解不了的，如果你品得足够多，见识足够好，会突然有一天灵光乍现的。

每次米饭快吃完时我都忍不住放慢速度，怎样都舍不得吃最后那一口。突然觉得这种习惯就仿佛在吃小时候的草莓蛋糕，我总是小心翼翼地把蛋糕吃到只剩一小点的时候，才享用甜美多汁的草莓。最后那一口才是最享受的部分，它可以让你直通天堂！

我美味的黑松露铁棍山药鲍鱼饭啊！你是我的定心丸，也是我的试金石。如果带挑剔的客人来尝，当你看到他坚硬的表情开始松动，眼角眉梢流露出满足感，你的成就感肯定爆棚，最后还得傲娇地说上一句："我不是早就告诉过你吗，这碗饭就是这么神奇。"

📍 大董
✳ 烤鸭
★ 大董烤鸭 268 元
   葱烧海参 298/ 位
   黑松露铁棍山药鲍鱼饭 298/ 位
🕐 11:00—22:00
📞 010—65824003
🏠 朝阳区团结湖北口三号楼北京大董烤鸭店
🅿 免费停车
❤ 臻享无欺，大城有大成

蕙质兰心话宫廷

兰庭厉家菜

256 P241 L-5

兰庭厉家菜的菜品我吃第一口就为之惊艳。这口翡翠豆腐看上去和我小时候在外婆家吃到的味道很像，我猜测是毛豆和豆腐搅成的豆泥。谁知一入口，细腻鲜美到令人措手不及，就像把一粒小石子丢入平静的湖心，余味的涟漪久久不散。味觉中鲜贝和青豆的味道相互映衬，清新鲜甜，再用小小一点辣椒油来提香，层次分明，值得回味再三。

吃罢这道菜，惊喜接踵而至。凉拌火鸭丝，质朴香脆；苏造驼峰，居然有鹅肝的口感；原汁鲍鱼，柔软溏心，弹滑质感，美味到任何言语都苍白！

遇见一道精彩的菜品本就不易，样样出彩更是十分难得。我非常好奇，什么样的人，才能烹调出如此美味？厉先生笑眯眯地过来打招呼，这位厉家菜掌门人，面色红润，慈眉善目，说话彬彬有礼，与其说他是个大厨，倒不如说他是个深居简出的书画家。

翡翠豆腐

凉拌火鸭丝

翡翠豆腐

凉拌火鸭丝

苏造驼峰

原汁鲍鱼

清蒸蛤什蟆

> 一个男人成功地将爱好变为事业，并且坚持不懈，背后必有一位贤内助的支持。厉太太眉宇间透露出的大家闺秀气质，让她显得越发精明强干，落落大方。

- 🔖 兰庭厉家菜
- ✳ 官府菜
- ★ 套餐价 268 元 / 人至 2280 元 / 人
- 🕐 午餐 11:00—14:00 晚餐 17:00—22:00
- 📞 010—80461748
- 🏠 顺义区天竺镇裕祥路 99 号欧陆广场 3 楼 301 号
- ☁ 免费停车
- ✿ 酒香不怕巷子深，佳肴原自宫廷来

寒暄过后，我们聊起了这几道美味珍馐的故事。厉先生说，早年间在宫廷菜谱上有"翡翠豆腐"的名字，却没有记载具体做法。在澳洲生活期间，他尝试创作了这道菜，一经推出就艳惊四座。我问他，为什么翡翠豆腐吃起来那么鲜？他说是鲜贝的功劳。为了这道菜，厉先生尝试了数十种不同产地的鲜贝，日本鲜贝适合刺身，但鲜味不足；加拿大鲜贝虽好，但非常考验处理的手法。而产自澳洲的某品牌鲜贝，解冻后汁是奶白色的，带点黏度，不论怎么料理都分外鲜甜，只可惜在北京找不到这个牌子……厉先生说的时候，眼中闪烁着光芒，像个展示心爱玩具的孩子，对于食物的狂热与追求都写在眼中，赤子之心永恒。其间还聊到例如鲍鱼要放鸡肉和花椒、干贝煮多久才刚好、干鲍怎么做才有溏心……说着说着，我觉得他的话语变成一道焰火，绽开在深蓝色的夜色中，围观的人都惊叹不已。以热忱而执着的态度烹饪，品尝食物的人也能感受到这份初心。

挑选食材时的严苛令厉家菜价格不菲，但那些热爱生活、热爱美食的人定会懂得欣赏这份极致。莫要平白浪费这美味，就像以 69 年的木桐干杯买醉，绝不值当。

传统鲁菜 大家闺秀

易舍鲁菜餐厅

　　处女座的精神洁癖在吃餐厅这件事情上表现为，水平中不溜的餐厅通常记不住，好的烂的都印象深刻，那些吓死人的菜更是能记一辈子，后会无期。上次去京城一个名气不小的餐厅吃饭，点了个招牌白菜。上桌之后我倒吸一口凉气，菜叶子被裹在浓黑的酱汁里，整盘菜都泡在油里，我小心翼翼试了一口，结果喝了一下午普洱都化不开胃里那团油。

家常白菜

　　白菜太家常，做得好与坏人人心中都有衡量，很难糊弄过关。易舍的家常白菜最得我心。大蒜爆锅大火快炒，锅气极重，偶尔有几片菜叶的边缘带点焦黄，口感爽脆柔韧，吃起来有浓浓的蒜香，海米粒大肉紧，处理得当并不觉得咸。白菜有了丰富的底味，下饭极佳。

做好餐厅和做好女人都得能屈能伸，这是需要修炼和气度的。易舍虽然经营年头尚短，却因为出身五星级酒店，天生具备几分大家闺秀的气质。好女人内心从容自得，是一种衬得起名牌包、hold得住路边摊的弹性。好餐厅也一样，有海参燕鲍做门面，家常菜也爽口舒心。一份家常白菜加焦熘小丸子，配一碗白米饭就能吃得满口生香。

焦熘小丸子

莱阳家常面

　　每次我还要点一碗莱阳面。面条细致柔软,像女人的心思一样。香气扑鼻又不过于浓烈,炮锅的时候放上一点肥肉丁,肉香味勾得你放不下筷子,有种儿时回忆里的味道。据说主厨找不到合适的酱油来配他心中这碗好面,生生用五种不同的酱油才勾出了汤底的味道。

　　请客吃饭的地方最难挑,它直接反映你的品位和经济实力。我就爱来易舍,有大家闺秀为你坐镇,奢华或平实,浓淡两相宜,太拿得出手了。

🏠 易舍鲁菜餐厅
✳ 鲁菜
★ 家常白菜 58 元
　　焦熘小丸子 88 元
　　莱阳家常面 58 元
🕐 午餐 11:30—14:00 晚餐 17:30—22:00
📞 010—65903388—5673
📍 朝阳区新源南路 2 号昆仑饭店一层
🅿 收费停车场
💛 端正无造作 家常暖心肠

吃什么?

吃辣

129 夏夜狂想曲——木屋烧烤

132 为辣等一回——老街兔盐帮菜

134 不讲大道理 一样爱上瘾——一麻一辣麻辣香锅

136 肠香常常想——湘肠香火锅店

138 辣辛香 馥郁一片光阴——苏泰辣椒

140 粉爱粉爱你 所以愿意——螺蛳傅 柳州螺蛳粉

142 他人笑我太疯癫 我笑他人辣不甘——小辣椒重庆老火锅

145 "痛感"翻倍 无辣不欢——痴心不改

痛觉的快感

是啊，我们都是如此地不甘平淡。

我也不知道从什么时候开始爱上吃辣，就像一场恋爱的开始，完全不记得是哪个眼神哪句话让你爱上了他。它特立独行又爱招摇，从来不顾别人的感受，让人难受到落泪；它永远学不会用温柔的方式应对你的诉求，霸道得令人生气；它让你体会肾上腺素分泌时，血脉贲张的畅快，没有它，生活就索然无味……

我说的不是爱情，我说的是吃辣成瘾。总结一句就是，你有多恨它就有多爱它。

我们明知爱情是费洛蒙的驱使，保质期一到就消失得无影无踪，却依然甘愿在开始的时候用尽全力燃烧自己。我们明知大味必淡，辣味让五脏六腑纠结灼痛，却依然在下一锅馋嘴蛙面前毫不犹豫地拿起筷子。人类真奇怪，我们厌恶痛苦，却喜欢引起痛苦的原因，如此地不甘平淡。

在众多关于辣的描述中，我最爱虹影的这一句："喜欢辣椒的猛烈和牵肠挂肚，一边为之流汗流泪，一边直逼往事的深渊，追寻未来的北斗。"

亲，你是我的瘾。我戒不掉你，我爱你娇艳的外表，也爱你火辣转身后的芒刺。

夏夜狂想曲
木屋烧烤

253 P242 M-2

　　烧烤是我生活中不可分割的一部分。你看那些深夜胡同里挂着灯笼的小店，还有夏天路边烟雾缭绕的摊位，如果一个城市没有了烧烤，它必然会少了很多江湖的、市井的、英雄的、青春的气质。就像从青葱岁月里，突然抹掉了四大天王和《新白娘子传奇》的那部分记忆。

　　我要说的是，有一家烧烤店，全国开起了连锁店，开一家火一家，食材有品质，价格合理，味道也不错，美国总统奥巴马的弟弟是这家店的股东之一。说到这里恐怕我前面的话你已经忘记了，满心想着：怎！么！可！能！！

　　好吧，或许有人把这事当成噱头，但我说的是真的！一开始的时候几个年轻人在一起开咨询公司，帮助中小企业创业。突然有一天几个合伙人想到：既然我们帮助别人创业经营，为什么不给大家做一个成功的榜样呢？于是他们开了木屋烧烤，然后木屋烧烤果真成功了。

　　故事讲完了，下次点完肉筋肉串鸡翅膀，你也可以和大家分享一下烧烤店的传奇轶事，更可以和大家比拼一个十分凶猛的凉菜。

吃辣

香辣羊蹄

生蚝扇贝也是店里点击率很高的招牌菜，四块钱一个，个头不算小，口感新鲜爽滑。

香辣羊蹄，号称喝酒不用劝。上桌的时候你一定会轻敌，因为它看起来既没气势又没力度，就像刚从温柔的卤汤里捞出来，没有任何杀伤力。但开始啃第一口时就会想，嗯，口感 Q 的嘞！五香卤味和表皮的胶原蛋白一起弹跳于齿间，好像和酱肘子差不多的感觉。别轻敌，待你吃到第三口，它的威力才慢慢显现。它的辣像埋在骨髓深处的定时引爆，起初不以为然，直到舌头和牙齿碰到某个开关：叮咚~1、2、3……砰！辣味被完全引爆，轰的一下，每个味蕾都被颠覆，一万只蚂蚁瞬间爬满你的心脏就这感觉。你甚至会想把舌头摘下来拿到冰水里涮一涮，或者找个吸尘器把那些辣从喉咙里吸走。这时候你视野里出现的任何一瓶冰镇啤酒都会变成救命良药，哪还用别人劝酒。

还是听听我的劝吧，羊蹄凶猛，尝试需谨慎！

吃辣

🔖 木屋烧烤
✳️ 烧烤
⭐ 香辣羊蹄 7 元
　　烤生蚝 32 元
　　烤扇贝 32 元
🕐 午餐 12:00—14:00 晚餐 17:00—01:00
📞 010—67497577
🏠 朝阳区金蝉西路甲 1 号酷车小镇（近欢乐谷）
🅿️ 停车免费
🌱 辣不疯魔，酒不成活

为辣等一回
老街兔盐帮菜

248 P242 L-6

北京流行的吃辣菜单里，有一支生力军总是变换不同形象出现，而且每一次都能成功俘获众吃货的心。先是牛蛙火锅，麻到你"嗦发都嗦不清粗"。后来各种跳水蛙和馋嘴蛙系列，红彤彤油腻腻地扑面而来，像极了冬天、春天、夏天、秋天里的一把火。这个后起之秀就是老街兔的**自贡子姜蛙**了。

老街兔的子姜蛙走的是自贡菜路线，辣讲究一个鲜字。细嫩的蛙肉在大量的泡椒和泡姜里翻滚，泡姜必须是子姜，口感像西芹那样脆爽，味道又不过分辛辣，吃起来觉得辣得细致有节奏。

酸甜苦咸都是味觉，而辣更添了触觉感知。如果用疼痛来形容吃辣的不同感受，那么重庆的麻辣像是被人抽了大嘴巴，木得一塌糊涂；自贡的鲜辣更像是在大腿内侧刺青，每一下都细若游丝却拉扯神经。反正刺青这事儿我犹豫再三都没胆子尝试，子姜蛙也是在一两口之间就举双手投降。

大麻鱼是留给勇士们的，吃完找不到嘴唇在哪里。

我更喜欢**盐府大刀白肉**，看着火红一片相当唬人，但是一尝就发现它其实是纸老虎，貌似重口味实则小清新。新鲜二荆条辣椒做成酱稍加腌制，就像稚气未脱的川妹子，长得水灵又有点小脾气。大片白肉抹上辣椒酱，再把盘底垫的折耳根叶和青笋包进去吃，满口又辣又清新。就像一场愉快的偶遇，开头很惊喜，结束很回味。

吃辣

📖 老街兔盐帮菜

❋ 川菜

★ 自贡子姜蛙 98 元
　盐府大刀白肉 68 元

🕚 11:00—凌晨 5:00

📞 010—64172399

🏠 东城区东直门外新中街甲 1 号（东方银座东侧）

🅿 免费停车

🔪 辣里藏刀，小心成瘾

不讲大道理 一样爱上瘾

一麻一辣麻辣香锅

255 P245 Y-2

一起吃**麻辣香锅**的，绝对是特别熟络的朋友。所有人围坐一桌，那堆筷子扒拉同一锅，要是没熟到那个份儿上，心中定会硌硬得反胃。还有一个原因，熟络的朋友，对于彼此吃辣的底线在哪心知肚明，如果你是吃微微辣的人，我一定不把你约到变态辣的局上，免得吃出危险，影响情谊。

我吃过的麻辣香锅分两派，一种是下料干炒，各式干辣椒和香料不停地在锅里翻腾，直到所有食材都裹上干香味才出锅，吃的是新鲜挑逗的感觉；另一种是酱炒，事先做好秘制辣酱，吃的是酱香醇厚的感觉，一麻一辣就属于后者。它家的香锅口味够重，香辣之间却不霸道，依然给食物留下发挥本味的余地。做酱料的黄师傅是北京饭店的特级川菜技师，有30多年厨艺经验，深谙川人制菜之道。他才不会告诉你酱熬多久能出柔润的红油，也不会跟你说吃到的鲜味不是因为锅里炒了蘑菇，而是酱里加了白糖。

有人不喜欢麻辣香锅，觉得所有东西炒完都是一个味道，而有人却很享受共同翻找的乐趣。谁也不知道谁能夹到最后一段生炸

鸡丝凉面也是黄师傅的秘制之一，吃完香锅溜溜缝，人生圆满

鸡翅，你找出来的牛肉丸会不会不小心被旁边的人一口干掉。勾心斗角的场面俨然一部宫廷戏的作料。

去陌生的店里吃辣，总是先从微微辣吃起，试试自己的接受度，如果口味合心就会越吃越辣。为什么吃辣、刺青、香烟、酒精都容易上瘾呢? 精神病学家诺拉·沃尔科发现，大脑对"有益的爱"和"有害的瘾"所激发出的都是同一等级快乐的感觉! 大脑中那个叫"享乐区"(hedonicregion)的区域会把接收到的刺激信号进行某种化学转化，如果经常刺激，大脑就会对自身的这种化学反应上瘾。无论是吃香锅，还是看见成绩单上的满分，大脑都会释放出多巴胺，而这种大脑化学物就是让我们感受快感和兴奋的始作俑者。

以上这段道理千万别在吃麻辣香锅的时候讲给朋友们听，因为在你说完之前，锅里的大虾、鸡翅、牛肉、毛肚、土豆片一定都会被他们夹走的。听人劝，吃饱饭，先下筷子为强啊!

吃辣

- 🔖 一麻一辣麻辣香锅
- ✳️ 麻辣香锅
- ⭐ 夏日激情 40 元
  - 鸡丝凉面 16 元
- 🕙 10:00—22:00
- 📞 010—85520001
- 🏠 朝阳区朝阳北路 101 号朝阳大悦城 6 楼 F15 号铺
- 🅿️ 免费停车 3 小时
- ♣️ 约三五好友上演"餐桌的游戏"。

店里自制的冷饮绝对是解辣佳品，我喜欢柠檬的清淡，五颜六色带点酒精才更热闹。干杯!

肠香常常想

湘肠香火锅店

 P245 X-4

爱上吃肥肠这件事就是在湘肠香。

其实它不算严格意义上的肥肠，因为厨师把肠壁内的油层刮掉了，只留下外面那层很Q弹的部分，所以菜单上一直唤它"**香肠火锅**"。但说火锅也牵强，因为肠子卤到火候，切寸段倒进黑漆漆的小干锅，不管比起九宫格辣锅还是羊肉清汤锅，它的外形都太迷你了。上桌的时候锅底的火苗跳跃着，肥肠在里面旋转翻滚，大把的蒜苗、蒜粒清清白白的，辣香，蒜香，肥肠香混在一起，难舍难分。

任何让人上瘾的事物在一开始都不会是令人愉快的。吃第一口，肥肠的脏腥味儿直逼鼻腔，每嚼一下都臭，臭得宛若抽丝。然后咸香混着辣香开始从舌尖蔓延开来，我也说不清是辣味拯救了肥肠，还是独特的脏腥味令辣汤更出类拔萃。汤头本来就少，越烧越辣，肥肠吸饱汤汁底气更足，吃到这时，反而嫌大厨把肠子弄得太干净，不够肥腻过瘾了。

大碗菜花

老干妈炒猪脚皮

年纪小的时候，我接受不了复杂的味道，自身味道、形态太过独特的东西一定不会吃下肚。那时候脑子里某一区块还未被唤醒，味道特殊的食物完全超出大脑负荷，所以每次家里蒸乳饼或者炒干巴菌我都极力躲避，不明白大人为什么要吃那些怪怪的食物。长大后，尝过考试不及格、失恋、被冤枉、比赛失败、长得不好看……大脑的某段沟回突然就气象一新了，臭豆腐、松露、腊肉、下水……都自动填补数据补丁包，升级完毕！

这家店开了好多年，环境谈不上多优雅，却让人夜夜排队死不休。晚上九点好不容易排到，老板却说香肠火锅卖完了的情况一点也不梦幻。我的办法是，下次早点去，一次点两锅，咱们新仇旧恨一笔勾销！

吃辣

湘肠香火锅店

特色火锅

香肠火锅 88 元
老干妈炒猪脚皮 38 元
大碗菜花 28 元

11:00—22:30

010—85966628

朝阳区姚家园路团结湖东里甲3—1 号
（妇幼保健医院街对面西侧）

路边免费停车

亲民属性，上流阶层的口味

辣辛香 馥郁一片光阴

苏泰辣椒

254 P244 S-5

黄咖喱炒冰鲜面包蟹

　　刚开始工作的时候，台里组织我们新入职员工到甘肃省武威市凉州区电视台进行下基层锻炼。当发现那里网速奇慢，而且淘宝快递都鞭长莫及的时候，我的生活陷入了万劫不复的焦虑。度日如年啊！我们几个姑娘每天都想念大北京富丽堂皇的橱窗和气宇轩昂的商场。终于盼到学习期满，我们就七嘴八舌拟定了"回京必做的50件事"这样罪恶的清单。通宵唱歌、买新衣服、逛胡同、泡夜店……其中还有一件事，就是去吃泰辣椒。悦悦说，**黄咖喱炒冰鲜面包蟹**必点啊，还得配上香兰叶茶。听她一遍遍重复这些菜名，我一个没去过泰辣椒的人，却对那里产生了极大的渴慕，因为它就是新生活开始的标志呀！

　　圣诞节到来前，我们回到北京，要做的那50件事早就忘干净了，但是泰辣椒是一定要去的。黄咖喱蟹真是好吃，面包蟹又大又肥美，可我觉得酱汁风头盖过了螃蟹，甚至觉得是有了黄咖喱酱汁，才让螃蟹如此鲜美。很多泰国餐厅的黄咖喱汁都加椰浆和淡奶，口味偏甜而

香兰茶

指天椒炒肉碎也好吃，辣得干爽不油腻，拖泥带水免谈。肉碎之间是九层塔和其他不知名的香料悠长的气味，辣到鼻水冒出也无法拒绝它的诱惑。减肥人士小心了，这道菜会让你的饭量激增三倍。

豆酱炒通菜也是米饭杀手，就算是冬季，通菜在北京难觅踪影，这里也吃得到，只不过没有夏日那么脆嫩的口感。

且太丝滑，总有一种从真空包装袋里取出再加热上桌的错觉。好比一个礼节性的拥抱那么官方。而泰辣椒的黄咖喱汁是要加上蛋清炒制的，炒完丝丝缕缕地粘连着，咖喱的辛香都还在，温柔又浓烈。把酱汁从蟹钳上舔下来的时候，咖喱就像跟你的舌头谈了场旷世奇恋，每一口都被幸福冲昏头脑。后来我在曼谷著名的海鲜店吃黄咖喱蟹，酱汁也是加了蛋清炒制，除了螃蟹更大外，口味并没让我惊艳，只觉得有种熟悉的记忆翻涌。

6年匆匆一过，泰辣椒依然是我经常光顾的地方，有些味道和记忆有着奇妙的联系，每次去吃泰辣椒我都能想起那年在武威的时光。现在想想，那真是生命中非常无忧的一段时光。我们是小城里最美的姑娘，阳光很足，工作清闲，填满时间的是友情和家人的挂念，越想越甜。

📖 苏泰辣椒
✳️ 泰国菜
⭐ 黄咖喱炒冰鲜面包蟹 198 元
　 指天椒炒肉碎 58 元
　 豆酱炒通菜 48 元
🕐 午餐 11:30—14:30 晚餐 17:30—22:30
📞 010—65077326
🏠 朝阳区麦子店西街三全公寓一层
🚗 免费停车
🌶 非常泰辣：懂你的现在也懂你的曾经

粉爱粉爱你 所以愿意

螺师傅 柳州螺蛳粉

252 P242 L-7

每次经过朝阳门，我脑内的美食GPS都会"叮咚"鸣响，提醒自己要不要去吃一碗热辣辣的**猪脚螺蛳粉**。

有一个冬天的傍晚，零下一度，大风呼啸，二环车堵得像肠梗阻病人，我还是毅然决然顶着2.0T推背感的风一路冲到粉店去寻求慰藉了，可见我有多爱它。点一碗猪脚粉，再点一份炸腐皮和一份青菜，能撑出三个饱嗝。

螺蛳粉在柳州大多是辣的，来到北方，点餐小妹总不忘温情地问一句，能吃辣吗？店家是生怕汤里漂的那层油辣子让你从此畏惧不再登门啊。我当然吃辣，油辣子加在螺蛳汤里，配上酸笋，简直是粉界奇葩，又鲜又臭又酸又辣！米粉表面躺着软绵绵的猪脚，加上单点的炸腐竹和青菜，眼瞅着大碗结结实实地被填满，整个小宇宙此时一碗可囊括。

猪脚螺蛳粉

酸豆角

酸萝卜

花生米

炸腐竹

酸笋

烫青菜

萝卜干

卤猪脚

木耳丝

猪脚那个销魂,炸过一遍再放进螺蛳汤里煮到酥烂,娇唇微启就自动脱骨,满口胶质,酥软入味,食之,快意恩仇啊!炸腐竹别着急吃,把它埋进汤里泡到软硬适中时口感最妙。

等热乎乎的辣汤下肚,最冰凉的脚指头也开始满血复活,深陷车阵的愁云惨雾谁还管它,任它风声鹤唳、狂风大作,吃饱了再出门的时候胃里温暖,冷算个啥。

吃辣

螺师傅 柳州螺蛳粉
特色小吃
猪脚螺蛳粉 22 元
酸笋 5 元
柳州腐竹 5 元
10:30—22:00
010—85653818
朝阳区朝阳门外大街 26 号朝外 MEN 雅宝商城底商(昆泰大厦对面)
路边停车 10 元 / 时
辣个魂牵梦绕的螺曼蒂克

他人笑我太疯癫
我笑他人辣不甘

小辣椒重庆老火锅

248 P245 X-3

麻辣香牛肉

　　某个周五，朋友聚会约在这里。一推开门，一股辣气就蹿进鼻腔，对辣味没什么抵抗力的人边点菜边漱嗓子，连我也忍不住喷嚏鼻涕不断，即便这样，还要彼此安慰说没事没事，吃起来就好了。

　　麻辣香牛肉最挑战极限。牛肉薄片 A 面和 B 面都被狠狠地摁在辣椒碗里滚一番，上桌时只见整盘辣椒片密密麻麻排在一起，根本看不见肉在何方，索性火上浇油，辣肉还要下辣汤！在汤里打几个滚之后，浮在表面的辣椒散落不少，裹层香油送进嘴，还是蹿得我忍不住抖脚。牛肉嫩滑，麻辣味道丝丝入扣，越嚼越浓。好想赶快咽下去，可是又很烫，让人不得不在嘴里多倒腾几下。就倒腾了那么几秒钟的功夫，鼻涕已经出来 say hello 了。

吃辣

重庆小面

再点一份**重庆小面**。它掀起了周末晚间的小！高！潮！油汪汪的调料里躺了一小撮碱面，拌得红火油亮，又麻又辣又香！埋头猛吃到嗓子冒火，鼻涕已决堤，最后连嘴唇在哪都找不到了。一气吃完一碗小面的人，下巴会像刚划完的火柴一样难以咬合归位。

那天正好有个朋友不能吃辣，每次欣喜若狂地夹起一块肉，尝一口，又愤愤地放在旁边。这个太辣，那个也太辣，失望的心情就像阿汤哥在《碟中谍》里的窘境。好不容易找到一线生机，又发现任务没完成，只得从大厦顶端跳下去。多么复杂的心路历程。

看我们吃小面吃得风生水起，她再次按捺不住，刚吃了几口就红了眼眶。哎，阿汤哥又要跳楼了呀！

📖 小辣椒重庆老火锅
✳ 特色火锅
⭐ 麻辣香牛肉 32 元
　 重庆小面 8 元
🕐 16:00—03:00
📞 18810222702
📍 东城区东直门内大街 266 号（近北新桥路口）
🚗 不好停车
🍜 山城赏辣，卖力涮吧，过瘾非常

144

"痛感"翻倍 无辣不欢
痴心不改

250 P237 C-1

要说湘菜，香咸辣肯定是第一印象。京城的湘菜馆子绝不算少，但是以一道绝对像样又并非"湘味十足"的当家菜来给店命名的，这是绝无仅有的。

痴心不改是它家口碑很好的招牌菜，同时具备高端大气上档次的外表和低调奢华有内涵的味道。老板本身就是厨师出身，吊老汤的功夫一等一。这道汤用的是黄坛子和佛跳墙的汤底。十几个小时的鸡汤一直熬稠，汤里面配有瑶柱、鸡脚，猪腩肉等好料，但是熬出来的汤搭配上了最朴素的食材——白菜和豆腐，味道一样惊艳。点上一份痴心不改配上一碗白米饭，闭上眼睛细品，你会怀疑它就是一碗鱼翅捞饭，吃起来很是浓厚舒服。在辣味为天的馆子里，因了这道鲜美而不辣的招牌菜，很多人都成了它们家的回头客，每次必点。

吃辣

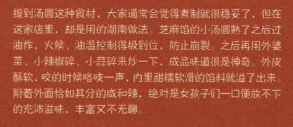

提到汤圆这种食材，大家通常会觉得煮制就很稳妥了，但在这家店里，却是用的湖南做法。芝麻馅的小·汤圆熟了之后过油炸，火候、油温控制得极到位，防止崩裂。之后再用外婆菜、小·辣椒碎、小·蒜碎来炒一下，成品味道很是神奇。外皮酥软，咬的时候咯吱一声，内里甜糯软滑的馅料就溢了出来。附着外面恰如其分的咸和辣，绝对是女孩子们一口便放不下的充沛滋味，丰富又不无聊。

湘菜绝对是无辣不欢的菜种，婆婆猪手这道极香辣的菜，用的是特别辣的小朝天椒，用红汤煨完之后又加上了鲜椒，辣味翻倍！这道菜还有个别名——找嘴，吃完以后嘴唇肿得跟小猪肘的皮一样，晶莹剔透，肿胀饱满。有人会说，又是朝天椒？川菜用，湘菜用，甚至泰国菜现在也在用，谁还能分得清菜系和菜系间的区别？从原则上来说，辣味早已不单纯是一种味觉，它更是一种痛感，一种蛊惑。这种上瘾，从另一种层面上来讲就像是一种"毒品"，能够让你解压，刺激多巴胺分泌，让你神经愉悦。所以别太在意你吃的是哪种辣椒了，就说是不是真的爽透心扉就够啦。

但是人生可能就是这样，当你畅快地享用美食的时候，大概不会考虑失去它时的难过。痴心不改此刻已经成了我的遗憾，因为行业的不景气，它现在已经重敲锣鼓另开张了，这也在我们这些食客心里划上了一个残缺的句点。好味难寻，相遇必珍惜！

- 痴心不改
- 湘菜
- 痴心不改 22 元
  婆婆猪手 42 元
  吉祥小千岁 26 元
- 10:00—22:00
- 010—64937666 64930888
- 朝阳区慧忠路安慧里一区 4—3 号
  （近北苑路）
- 门口免费停车
- 正宗湘菜 出品精致

戴手套掰开小·千岁，翻过来之后将内里取出，基本上进嘴抿一下就能脱骨，胶质黏滑但不会让人觉得腻，因为里面的辣度和香料丰富的程度完全够，所以一吃就停不了口。

食肉

149　天上一脚 地上一绝——花家地甲7号

152　爆肚涮肉俱是绝活儿——爆肚金生隆

156　永远都是最炫异域风——兰特伯爵西餐厅·啤酒屋

158　大口吃肉的豪迈进食法——齐鲁人家

161　风吹韭低见牛羊——情忆草原涮肉馆

164　仲夏夜有一场躁动的梦——神烤

168　西北好 甘味旧曾谙——燕兰楼

172　拍案惊奇之河北往事——直隶会馆

176　开放心灵才能解放胃口——味爱普思牛排馆

该出手时就出手
大口吃肉大碗酒

　　有一种人，伤心难过时肠胃也跟着关门歇业，吃不下也喝不下，偶像剧里的女主角通常就是这样的病弱型。还有一种人，比如我，伤心烦躁时胃口奇大无比，随时都会饿。书上说这种人是"压力型进食者"，心里一有事，胃里就空虚。只能靠吃，必须填满每一道缝隙才觉得踏实。一瞬间就变身了食物链顶级的生物，吃肉，然后一口一口把烦恼嚼碎，重新构筑起无坚不摧的心理防线。估计不少女汉子都试过这种方法，而屡试不爽，这就叫：女人不狠，地位不稳，不爱吃肉，未必能瘦……不好意思，我不是故意的。

　　不开心的时候得吃肉，开心的时候也要吃肉，它关系着人类最原始的欲望。从远古时期的庆典，到逢年过节的团聚，我们用数不尽的时间大啖肉食，多汁而充满香气的肉食已经变成了灵魂深处的需求。正所谓"谈笑有鸿儒，往来全荤腥"，大块的牛排吞进嘴巴，工作的烦闷不见了；上好的羊腿喷香上桌，恋人的疏远不想了！把酒满上，一碗敬我们无处安放的青春，一碗敬我们所剩无几的勇气。吃饱喝好，明天又是一条好汉。

　　吃肉这件事儿多多少少已经成为了我们平淡生活中的英雄梦想。我们没必要端着架子，掐着嗓子地说些表面话，我们大可直抒胸臆，痛痛快快地多认识几个新朋友。再说了，等到诱人的肉食一上桌，还不是全凭手疾眼快，这样才能拔得头筹啊。嘿，成就感又一次被满足了！

天上一脚 地上一绝

花家地甲 7 号

 252 P240 H–6

　　某个晚上和朋友相约在一家老牌法国餐厅吃饭，边聊边吃，从鹅肝到生蚝再到牛排，酒过三巡，兴致却没有发挥到极致，总觉得还差那么一点儿。餐厅安静优雅，灯光柔和舒适，菜品质量不差，餐酒搭配也没什么不妥，到底差在哪了呢？是气氛！我们各自带了两万句八卦，怀着不醉不归的豪情来赴约，这顿饭本该是频频碰杯大笑，牛排刀刀带血，这样才够直抒胸臆。可是被精致的法餐困住，只能挺直腰板，小声说话。就像本来要去沙滩上追逐嬉戏，却穿了双15厘米的高跟鞋，陷在那里，别扭，硌硬，无力。这时，一个朋友提议说：咱们换地儿吧！吃烤串喝红酒去！真是一呼百应，说走咱就走！

食肉

烤牛肉

烤腰子

烤牛舌

烤羊肉

烤鸡翅

冷番茄

我由衷感谢花家地店主不拘一格的创意，生生把羊肉串和红葡萄酒扯在了一起！老板说他很爱喝红酒，可是受不了天天为了喝口红酒去吃西餐。红酒配牛羊肉绝佳，他也爱吃羊肉串，可是不能举杯上好的红酒坐到马路边，啃小摊上卖的羊肉串吧，干脆自己开个店得了！用上好的羊肉做肉串，搭配红酒，不讲究什么规矩，好吃好喝，舒服自在就行。

所以这家烤串店变成了最天上一脚地上一绝的烤串店。有精致的水晶杯，有搭配红酒的数款奶酪，欧式装潢和家居摆设，怎么看都是个有情调的西餐厅，最妙的是一整面墙都是绿植。老板将植物种满墙面，用滴灌技术栽培养活，每次浇完一整面墙需要五六个小时，为了配合植物的光合作用还要特意布置灯光，让这些花花草草有被太阳照耀的感觉，产生更多的氧气，让用餐环境更为舒适。这么考究的环境，谁会想到是个烤串店！

烤串样式不少，牛舌、鸡心、鸡翅种种。提起最为经典的烤牛羊肉串，这家的料给得很足，肉质厚实有品质，吃一口会惊喜地发现肉里还有汁水。烤肉风格注重原味，孜然和辣椒下得都很少，顶多撒一点海盐提肉的香味，这样味道很轻，搭配红酒刚好。再不过瘾，来一串大腰子吧，每个喝酒吃肉的人心中都装着那一口，肥得流油，香得到位，就好像那最后通关前的必杀技，如此，你吃串的生涯才能得到圆满升华。

奶酪拼盘

花家地甲7号
烤串
羊肉串 4 元
一头牛 180 元
奶酪拼盘时令菜
17:00—24:00
010—64740366
朝阳区阜通东大街（宜家家居对面）
门口可停车
吃串儿也小资 随心惬意

食肉

爆肚涮肉俱是绝活儿

爆肚金生隆

说到老北京小吃，爆肚一定能够跻身前五名。而创于大清光绪十九年的金生隆，距今已经有百年历史。现在的老板冯梦涛是第四代传人，虽然从打扮上来看他像极了艺术家或是西部牛仔，乍看下与这百年老店毫无关系，但他有着和他爸爸以及他爸爸的爸爸一样的鼻子，并且和祖辈一样，性格朴实，乐于给每一位客人讲解爆肚涮肉的讲究。在这里除了能吃到传统的老北京爆肚，还有铜锅涮肉也是一绝，所以每天一到下午四五点，就会有食客陆续进店，好不热闹。

如果你进店只跟店主说"来盘爆肚儿"，那店主是没法帮你上菜的。牛羊均为反刍动物，胃部非常发达，所以成就了爆肚的脆爽口感，让人一吃难忘。讲究的人吃爆肚不仅分部位，还要遵守"先鲜，再脆，最后嫩"的顺序。吃爆肚的行家们一上来会先点肚板或者百叶尝尝鲜，开开胃，然后再吃有嚼劲又脆韧的蘑菇头或食信儿，享受咀嚼的乐趣。把最好的部位——肚仁留在最后才登场。肚仁取自每个羊肚最核心的部分，相当费料，一盘大概要五六头羊的肚，吃起来异常地嫩滑弹牙。所以奉劝各位亲们，想吃爆肚咱就抬头看，店主贴心地把各个部位的名字、口感都标注好了，挂在墙上，咱们按图索骥，吃一次讲究的！

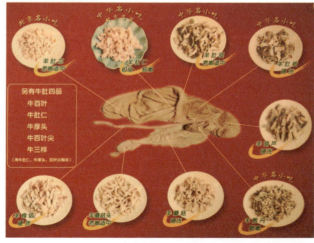

蘑菇头

羊肚仁

散丹

食肉

涮羊肉

作为百年老店，金生隆自然有拿到好羊肉的独家渠道。立盘不倒的羊肉肉质鲜美，肥瘦相间，通通手工切制，告别机器的程式化，专业又传统。吃涮羊肉也有讲究的顺序，千万别上来就涮蔬菜吃，要在开锅之后先紧着肥肉下锅，只有汤厚了，涮起来才好吃，这还有个学名叫"肥肥锅"。

老店的金字招牌想要保住，就得细节做得很到位，照顾老主顾回头客，更得让新的食客满意。金生隆的调料也将讲究进行到底，一般餐馆往往将爆肚作料与涮肉作料混为一谈，而金生隆却是严格区分开来。涮肉作料味道较厚重，但厚而不咸；爆肚作料虽然较轻，口感却不淡，既掩盖羊肉的膻味，又提升爆肚的清新口感。

特色酱料

坐在店里，看着泛黄的墙纸、实木的桌子、复古的铜锅，在金生隆店中一切都散发着古朴而又温和的色调，但在细节中却不乏讲究与历史。其实每个人对于老北京的味道都有自己的认知，你不能去评判哪家最正宗、最好吃。但只要心里承认了这个味道，便难以割舍。这，绝对与记忆有关。

食肉

📖 爆肚金生隆
✳ 爆肚
⭐ 羊肚仁 75 元
　　牛百叶 48 元
　　特色酱料 6 元
🕐 11:30—21:30
📞 010—65279051
🏠 西城区德外安德路六铺炕 1 区 6 号楼南侧
🚗 收费停车
🌱 最难忘是嫩爽弹牙，最美是下口瞬间

永远都是最炫异域风

兰特伯爵西餐厅·啤酒屋

256 P242 L-8

我一直认为在北京城，过了长安街往南就不会有什么特别异域风情或者很高级的外国菜馆了，直到遇到兰特伯爵。而且我去的时候才知道，这家店在北京已经开了十四年了，它的巴伐利亚风格依然浓郁。你一进门就能看见那个巨大的铜制糖化罐造型的吧台，黄铜质地的糖化罐就在吧台的正上方，亮晶晶的，像新的一样，时间没有在它身上留下痕迹。

女孩可能会比较喜欢白啤，因为味道比较清淡。以前不懂啤酒，倒酒的时候总是小心翼翼的，生怕速度快了会倒出泡沫来，其实啤酒的泡沫非常重要，尤其是生啤，它像一床大被子，盖住了啤酒里面正在缓缓发酵的物质，把芬芳的味道留在了酒体之中。喝的时候也要赶紧，千万别等到泡沫消失，不然可就浪费了新鲜酿造的好风味了。它们家的啤酒只用最好的啤酒花、麦芽、水，酿出来的酒自然品质不错，气泡丰腴而且细腻，麦芽的香气也很浓。大家都说纯生的啤酒口感更好，更芳香，但其实纯生的啤酒特别容易发胖，因为它里面所有的菌群都是活性的，所以喝下去长胖的几率会大幅提升。道理大家好像都知道，但依然管不住嘴，"喝今天的酒，长明天的肉"的精神才能带给大家乐趣。

爱喝啤酒的人大多无肉不欢，自酿啤酒配上巴伐利亚的大肘子，才是王道！这种肘子的做法让我觉得惊为天人，我曾经以为这是四人份的量，据说在德国一个人就能吃一份。一整个肘子，炖完再炸，外皮呈现焦脆的金黄色，旁边配的是土豆泥和酸菜，还没开动我的气势就矮了半截，实在是太豪爽的一餐了啊。肘子用汤汁入味，再一炸外皮脆嫩，它的酸菜是用高丽菜做的，秉承了严谨的德式作风，酸菜绝对是要酸就酸得很纯粹。单吃就要小心自己的牙齿了，说不定眼泪都能酸出来。

烤猪肘

在欧洲，国家与国家之间有时只有几小时车程，食物的风格却是各不相同。据说只有德国人吃肘子，其他国家的菜单里很少有它的踪迹。因此邻国的友人要是某天突然想吃肘子，就干脆开车去趟德国吃个肘子再回来。所以想要感受异域风情，想要被肉塞满双眼，就去兰特伯爵感受一下吧，这可比开车去德国划算多了。

食肉

兰特伯爵西餐厅·啤酒屋

德式餐厅

唯森小麦白啤 52 元 /0.5L
烤猪肘 198 元

11:00—01:00

010—67682664

丰台区方庄蒲方路甲 2 号（家乐福对面）

免费停车

无肉不欢，招呼着

大口吃肉的豪迈进食法

齐鲁人家

253 P243 Q-1

很多朋友一说起鲁菜，都会想到葱烧海参、糟熘三白等传统名菜。这就像一提到北京特色美食，我的脑海里瞬间闪现烤鸭和炸酱面的样子。想要吃出豪迈，不用太拘泥，那我真心给大家推荐齐鲁人家，这是一个既大气又精致的山东食肆，里面藏着不少名不见经传的佳肴。

鸿运牛头可不是一般地方能吃到的，我在北京吃过那么多家，有胆量这样做牛头的餐厅，真是屈指可数。首先是材料非常讲究，这里的牛头选用中国"五大名牛"之一的山东鲁西黄牛。这种牛体形结实，结构匀称，肉质鲜嫩，呈现明显的大理石花纹，有"五花三层"的美誉。其次，为了保证口感，牛头的制作也是费时费工。整个牛头处理干净之后用陈年老汤卤制，加入了多种名贵的药材，小火慢炖，出品时要保证每一丝肌肉组织都渗透老汤的浓香，肉质嫩而不散，香而不腻，相当考验厨师的功力。出品形态也足够大气，最好吃的部分是牛舌和牛脸，牛舌鲜嫩弹牙，脸肉则细腻软滑，每一口都是浓郁的肉香，让人欲罢不能。

四种味道的调料都有增香提味的效果，我个人喜欢蒜汁和辣酱一起蘸着吃，肉香被激发得淋漓尽致。由于制作工艺太过繁复，牛头每天限量 40 份，所以能够赶上真是足够幸运！几个好友一起喝酒吃肉，谈天说地，顿时胸中会生出一股豪气，大有效仿古人之意呀。

鸿运牛头

食肉

黄河口四大缸

凉拌马家沟芹菜

马家沟芹菜，山东省著名地方特产之一，独特的种植技术和生态环境使马家沟芹菜不仅品质优良，而且富含多种微量元素。作为一道下酒凉菜肯定是爽脆舒心的。

石烹海中鲜

用渤海湾出产的肥嫩饱满的白蛤制成的这道菜，先将鹅卵石用炭火烤至高温、用鹅卵石的温度把白蛤加热成熟，最大限度地保留了白蛤的原汁原味，蘸取姜汁食用，鲜嫩肥美。

另外黄河口四大缸也值得推荐，这道菜从器具到食材都透出山东人的质朴淳厚。这是黄河古道地区地道的家乡菜，粗粮细作，很有味道。据说以前当地农民在田间劳作，没时间回家吃饭，就是随身携带这些小菜夹在炊饼里充饥的。小菜虽然都是些腌制的花生米、雪菜之类的，但是充饥解饱一马当先，吃起来更能体味老一辈人苦中作乐的情志，觉得更加亲切。

这里的山东菜像泼墨山水，质朴大气，令人心生豪情。之前看惯了工笔画，换换口味，还真令人眼前一亮啊。

齐鲁人家

鲁菜

★ 鸿运牛头 498—598 元

黄河口四大缸 128 元

石烹海中鲜 118 元

🕐 11:00—21:00

📞 010-64262288

🏠 朝阳区安定门外大街安华里 2 区 5 号楼底商（近中国木偶剧院）

免费停车

吃得过瘾也不忘精致

风吹韭低见牛羊

情忆草原涮肉馆

248 P243 Q-2

羊肉串绝对必杀，不放辣椒也能吃到心潮澎湃。肉质好，串儿才好，吃着放心更舒心。

食肉

羊肉串

热爱食物的人分三种：第一种人是自豪的吃货，把吃餐厅当作人生大事；第二种人是厨房爱好者，自己煮出好吃的东西才最开心；第三种人，吃遍大江南北却被某样食物套牢，吃起来没够，做起来津津有味，最后还为此开了餐厅，期待和更多人分享自己的最爱。我是第一种人，情忆草原的老板三哥，是第三种人。

三哥特别爱吃牛羊肉，2005 年到海拉尔吃到当地的羊肉，一下子被鲜嫩多汁的手把肉深深打动，于是边学边做，边做边学，最后把店开回了北京。

试过情忆草原的羊肉，大家都说好。三哥说肉是海拉尔运来的，海拉尔水草好，羊肉品质自然好。呼伦贝尔大草原是盐碱地，生长多种多样的碱草，草的品种多，羊的食

手把肉

物较为丰盛，身体就壮实。羊儿爱吃两种食物，一种是白色的野生韭菜花，还有一种粉红色类似野韭花的植物，蒙语发音是"monger"，这东西羊儿爱吃，但人吃完是要中毒的。这些野生韭菜花和monger鲜美多汁，羊儿吃完一个星期都不用喝水。

三哥每隔两三天就从海拉尔空运羊肉，用最简单的办法做成手把肉。大块的肉不打花刀，凉水下锅，什么料都不加，开锅15分钟直接上桌，羊肉又软又好吃。

第一口一定得吃原味的，好的羊肉是粉红色，有满满的汁水，真是来自草原的味道。东西都怕比较，吃好草的羊，肉居然就没有膻味，吃起来真是美得不能自拔。

野韭菜花

干碟子

牛肚锅

牛肚锅也好吃，没什么秘制调料，拼的就是食材，稠稠的感觉来自牛窝骨筋煮出的胶质，口感好到无以复加。

食肉

蘸料有两种，野韭菜花和干碟子。海拉尔的意思是"野韭菜花之城"。每年8月，草原上大片大片白色的野韭花，像积雪一般。三哥每次都买一两吨，打碎加盐冷冻后带回来，搭配羊肉下肚，是一种很清新很单纯的青草香。但我更喜欢干碟子，这种蘸料是三哥从成都朋友的火锅店淘换的，香气浓重，不辣不燥，撒在肉上吃起来停不下来。

- 情忆草原涮肉馆
- 火锅
- 手把肉 138 元 / 斤
  羊肉串 15 元
- 10:30—23:00
- 010—85627589
- 东城区光明路甲 1 号北空司令部东配楼（近龙潭东路）
- 免费停车
- 我从草原来，味美心澎湃

仲夏夜有一场躁动的梦
神烤

254 P244 S-4

对北京的年轻人来说，烤串绝对是"生活必需品"。韩国有的炸鸡啤酒也就是这个意思了。你想啊，在夏天的夜晚，你跟三五好友吃串喝酒，骂骂谁球踢得臭，八卦下好哥们儿的重色轻友，小风一吹就特别惬意。而这种人间美味往往出现在大排档和夜市的小脏摊上，让我们不得不用健康换享受。神烤的出现正好打破烧烤脏乱差的旧印象，坐落在工体西路的它，将烧烤和酒吧融为一体，颠覆传统烧烤的形式，让人一去难忘，再去也嗨森到爆！

看到细沙弥漫、炉火正旺的场景你一定想快速变身海滩比基尼女郎，享受沙滩Party。而这种错觉却出现在一家烧烤店中，神烤将其名字中的"神"字完美体现在了这种烧烤的形式上。告别炭烤旧时代，无论是玉米、海鱼、蔬菜还是肉串都可以插在沙子之上，团团围坐在炉火四周悉心等待。在经过慢慢的加热后，食物退去烧焦的味道，吃起来更轻盈。

秘制烧烤酱集合了照烧、烧烤、烟熏三种口味，既照顾南方偏好的甜口，又尊重北方的咸辣。红色的酱汁刷在烤好的食材上别提多诱人了！

你可能把卤过的鸡架子当过下酒菜来吃，但相信吃过"烧烤版"鸡架子的人一定不多。它看似平凡，但挑选到肉质细腻，肉和骨比例均匀适中的却不容易。在剔除多余的硬骨后让你第一口吃到绵薄连骨的鸡肉，第二口咬到酥脆的硬骨，鲜嫩与爽脆接二连三地来。

食肉

烤鸡架子

神烤凉菜

其实很多姑娘对烧烤望而却步无非是怕上火起痘,在神烤请把这种担忧暂时卸下吧。独门"灭火器"——二十四味茶就是我们的大救星。配方来自香港,会根据不同的时节,用不同的材料精心熬制,颜色看起来类似苦药汤,刚喝下去也会感到一点苦味,但涌上来的却是沁心的甘甜。那些烧烤的烟气、热气、辣气仿佛在你喝完茶的瞬间,随着你轻声地哈气全都吐露出来,如此降燥去火的良方是吃烧烤时的不二选择。

神奇的神烤,不仅有自成一格的烧烤形式,它还神在与烧烤无关的装修风格上、品类众多的食材上、随心所欲的搭配上……营业时间至凌晨5点,乐于尝鲜的年轻食客又有了新的聚点。什么都别说了,今年世界杯哪里看?神烤这个工体夜生活冉冉升起的新星可是一直在向你招手哦!

食肉

神烤

烧烤

看家鸡架6元/串

神烤凉茶35元/扎

11:00—05:00

010—65526392

朝阳区工体西路9号
(光彩国际公寓对面)

免费停车

撸串是一种快乐

西北好 甘味旧曾谙
燕兰楼

256 P246 Y-5

2006年刚毕业进入电视台工作的时候，我们被集体派到甘肃省武威市凉州区的区电视台培训三个月。那段时间深受大西北民风的影响，觉得羊肉垫卷子、牛肉面，都是特别好吃的人间美味。

后来回到北京，再也没吃过那么正宗的羊肉和像样的甘肃菜，我便干脆不吃了。直到认识了燕兰楼，才觉得那时的回忆终于得到了延续。那地道的靖远羊羔肉，一下把我拉回到那段和小伙伴们共同奋斗的日子中。

酿皮子是用面皮做的，非常筋道。甘肃以及陕西那边的辣椒，味道虽不辣，但是香度很高，所以炒出来的辣油就特别香，再配上一些芝麻油，调好味，有一点点酸，北方人一尝绝对大爱。

酿皮

油香

包散子

靖远羊羔肉

燕兰楼的这道靖远羊羔肉，是把羔羊的肋排拿来黄焖，汁浓味厚，咸香微辣，非常解馋，里面的粉条吸饱汤汁比羊肉还好吃。粉条根根有小拇指粗细，筋道弹滑，绝对是粉条中的战斗机! 甘肃的气候和土壤条件特别适合种植土豆，连世界知名的薯片品牌也选择那里作为原料生产基地，土豆好，做出来的土豆粉就好，有骨气，很傲娇，吃过一次之后你的牙齿都能分清产地了，甘肃土豆粉嚼20下，其他粉条嚼5下。这是我去燕兰楼的必点菜，每次吃都会回想起那个连淘宝快递都送不到的小城市，那段淳朴可爱的日子。

去燕兰楼之前我也不知道手抓羊脖能有那么好吃。有脂肪但不肥，瘦肉多但不柴，吃起来口感松软。只有品质上乘的羊肉才敢只用清水煮，熟了之后，蘸上蒜片辣椒面就是绝配。无需多余的酱汁，肉本身的味道就足够香，一点腥膻味都没有，蘸一点椒盐，配上一瓣蒜，一吃就觉得："哇! 整个大西北的风情都一口掌握。"

食肉

手抓羊脖

甜品我最喜欢的是甜胚子，看起来有点像是酒酿，是用青稞做的。粗粮降脂降压，对身体好，做成甜味之后接受度也高，吃起来很有嚼劲，存在感很强。

甜胚子

牛肉面

　　最早的燕兰楼开在景山公园西街，很多老年人锻炼完身体后会走到东门外，到燕兰楼吃一碗牛肉面，一进门就能闻见浓郁的牛肉汤香味。一碗好面条除了面要好，汤头也很重要。据说甘肃地区曾为牛肉面做过官方排名，燕兰楼的牛肉面排的是兰州 001 号。在北京的众多拉面馆中，我觉得它家最像我记忆中的味道，一青二白三红四绿，全齐。油泼辣子又红又香，牛肉片又薄又香，汤又清又香，面条又筋道又香，配在一起只剩一个字，香！后来租约到期，景山公园的那家店关了，但好吃的牛肉面却一直留到了现在。

食肉

🏷 燕兰楼
✳ 西北菜
★ 靖远羊羔肉 138 元
　手抓羊脖 158 元
　牛肉面 18 元
🕐 10:00—21:30
📞 010—65991668
🏠 朝阳区朝阳门外大街 12 号
🅿 门口有停车位，可领停车券
🍴 牛肉拉面无出其右，西北风情独领风骚

拍案惊奇之河北往事
直隶会馆

256 P246 Z-1

能吃的博物馆
You can eat in this museum

　　直隶会馆听名字就知道是官府菜, 始创于1987年。更何况这里还有个"能吃的博物馆", 是不是瞬间觉得高端得不得了? 作为主营菜品的直隶官府菜, 是全国首家省级餐饮类非物质文化遗产项目。在这个能吃的博物馆中你不仅能看到各式美味珍馐的材料标本, 还能赏一赏在宫廷戏里才能看到的转心执壶、微雕山景……也许有一个瞬间, 你觉得自己就是中国版的时间的旅行者, 因为老的东西是会说话的。

　　我很喜欢他们家的锅包肘子, 这道菜说起来还有一小段故事。清朝时候上京赶考的举子们往往会随身携带一些食物充饥, 有些家境富裕的就带了酱肉, 可是连汤带水的酱肉不仅油腻, 携带也是大麻烦。后来保定高阳的厨师对酱肘子进行了改良, 成了今天的"锅包肘子"。这道菜一问世就大受欢迎, 又因为这菜有美容养颜的功效, 便成了备受帝王后妃青睐的名菜, 听说这道菜还深得慈禧太后喜爱, 特意招了当地的厨师进宫来掌勺。这道河北名菜在直隶会馆的招牌菜中很受欢迎, 品相端正, 吃起来香酥可口, 肉香四溢, 桌桌必点!

这道锅包肘子的食用方法也很讲究，配以保定槐茂面酱，八宝太平菜，芝麻盐，炒花椒末，鲜黄瓜条和徐水葱白，荷叶饼，大米绿豆粥。这一餐吃下肚，别说举子了，就是普通人都能飞升出中状元的感觉了。

锅包肘子

食肉

所谓"天上龙肉，地上驴肉"，这是古人的一句俗语，由此可见，驴肉的鲜美不可小觑！而正宗驴肉则要从保定说起，保定家家户户都会制作驴肉火烧，大街小巷也随处可见驴肉火烧店铺，当地百姓都爱它。如今，直隶会馆将驴火文化也发扬光大，尤其在2010年上海世博会期间，广大的受众让驴肉火烧的销售一直供不应求。精工细作的驴肉，从切制到装盘都可见厨师的功力，驴肉的卤制更是有密不可传的配方。一口咬下去酥脆的火烧，如果不小心能掉一桌子的渣渣，满嘴肉香的同时你肯定还想再咬第二口、第三口，扎实又不浮华的口味真真的是当地的原汁原味啊。

如果没有了野葱花，这盘丝瓜必然变得索然无味。野葱花在春夏季盛放，被厨师们晒干之后收集起来。经过热油的催化，它们散发出比山谷里浓无数倍的辛香味，比孜然清新，比罗勒接地气，只要一小撮就能让平淡的丝瓜变得非常诱人。喜爱辛香味食物的人们一定要尝一尝。

驴肉火烧

野葱花烩丝瓜

蜜柚樱桃萝卜

其实介绍下来，直隶会馆也没有我们所直观感受到的那么"闲人免进"。看一看会馆的墙壁装饰，上书牌匾"人生舞台"，是不是也会瞬间变得感慨万千？进入餐厅再走出餐厅，感觉像是来了一次出世入世的过程。此般风情和体验只有置身其中才能体味，但是我已暗暗叫绝了，因为确实妙不可言。

📖 直隶会馆
✳ 河北菜
⭐ 锅包肘子 128 元
　　驴肉火烧 10 元 / 个
　　野葱花烩丝瓜 78 元
🕐 11:00—21:00
📞 010—82667777
🏠 海淀区中关村北大街 127 号
　　（北大科技园旁）
🚗 免费停车
💬 听说你是一段传奇，于是我来见你

食肉

开放心灵才能解放胃口

味爱普思牛排馆

254 P244 W-1

　　说起来味爱普思是我近期发现最适合全家总动员的一家牛排店。它与其他西式牛排店不同，因为它不必非要配一瓶红酒然后谈笑得体。这里菜品种类很多，属于半自助式的就餐环境，如果是带小朋友来，尤其是正值青春期发育、胃口特别好的青少年，他们一定会非常非常开心。

　　在这里，你完全可以感受到大快朵颐的味觉享受，只需要点一份牛排，沙拉吧就可以免费向你开放，无限取用！为了保持热度，它们家的牛排是用火山岩的石板来烤的，石板烧到350℃，受热均匀且保温效果特别好，热量挥发能持续20分钟。在烧到350℃后把牛排放上去，当牛排上桌时，听着"吱吱啦啦"响声，看着溢出来的汁水，这块重达240克的牛排从生至熟的过程，仿佛展现在眼前。它家的牛排是腌制过的，所以煎的时间无需太长，五成熟是我觉得最好的成熟度。

作为一家拥有韩国风味的店，搭配牛排的酱料也有了些许创新。一个是英式的大紫芥末酱，比黄芥末的味道重一些，如果是韩式的自制烤肉酱，则酸味和咸味更重。白色辣根酱会有一些生涩的辣味。个人觉得烤肉酱配上辣根酱会比较符合我们的口感，一份牛排的旁边还会配上一些蔬菜，荤素搭配，健康又有营养。

食肉

它们家的沙拉吧差不多有50余种选择，不光是青菜，还会有拌饭、热狗、墨西哥卷饼、比萨、越南米线等硬货主食！凡是你能想到的鸡翅、鱿鱼圈这些小朋友的最爱，也都应有尽有哦。饮料的供应种类也非常多，楼下的twosome咖啡店里能吃到蛋糕、芝士、巧克力在牛排馆也都能吃到！从餐前的水果到头盘、主菜，再到甜点、饮料，非常之全。

因为所属同一集团，这一整栋楼也是安排得当，用过餐后去楼下的咖啡馆下午茶，那惬意真是无法言喻。这也正中了很多姑娘饭后就犯懒，不愿意挪地儿的下怀。我发现这家店是之前去首尔的时候，去了地球人都知道的江南区，有一条街特别好逛。因为整条街种满银杏树，当地的朋友都叫它林荫道，街道两侧是一间间精致的服饰店。每隔几家就会有咖啡店，逛累了随时可以休息，林荫道上的twosome咖啡，是我血拼后分装战利品的地方，自然印象深刻，因此在北京与它重逢简直瞬间小资情调升腾。这里还是很多韩剧的取景地，梦想当女主角的姑娘没准儿还能在这浪漫惬意的环境中找到自己的欧巴呢！所以你看，我说VIPS是居家旅行必备的餐厅首选肯定没错。

🍴 味爱普思牛排馆
✳ 西餐
★ 石板菲力牛排
　 周一至周五中午 238 元
　 周六日全天 288 元
　 沙拉吧
　 周一至周五 128 元
　 周六日全天 188 元
🕐 11:00—23:00
📞 010—84571997
🏠 朝阳区将台西路 9—8 号 CJ Food World 2 楼
　 （近珀丽酒店）
🅿 免费停车
🌿 吃到欢喜，韩式小资好味道

品甜点

181 咖啡工厂的新鲜滋味——Café Flatwhite

184 水泥丛林中人见人爱的味道——漫咖啡

186 赐予我力量吧，我有杯子蛋糕——CCSweets 创意蛋糕

188 浓情不过巧克力仙境——Flamme

190 入喉温暖的恋爱之味——MS Bonbon Café

192 台湾离银锭桥不远——Cafe De SOFA

194 下午茶也可以奢华闪耀——昆仑饭店岩花园走廊

196 芝士就是力量——芝士青年

甜点界的"20、30、40"理论

随着年龄增长,我们的喜好会发生改变,这是非常自然的事情。比如20岁的时候,我觉得不会打篮球的男生存在于世简直一无是处,找男朋友的第一标准就是:灌篮姿势一定要帅!而接近30,男人会不会打篮球这件事,真的比明星们的八卦新闻更不重要。

但是,对于大多数女人来说,对甜点的热爱不会随年纪而改变,区别仅仅是在什么地方享用怎样的甜点。

20岁的时候,甜点和零食几乎可以画等号,快餐店里5块钱的香芋派也没什么不好的。毕竟年轻,可以让你开心的事情太多了,甜点不用担负什么重任。像是芝士青年,沙发咖啡这样的小店就不错,东西好吃,单价不高,所在的区域又是时尚小青年扎堆的地方,真是畅想未来的上佳选择。

等到了30就不一样了,打拼了那么几年,无论恋爱和工作都会有恼人的一面,大女孩习惯了独当一面之后,难免需要甜点来承担愉悦身心的责任。一个小清新或者文艺范儿的咖啡馆,复古的木窗漆成蓝色,有阳光,有绿植,有爵士乐,最好再来个会煮咖啡的帅气老板,速成一个美好的世界。虽然这些形式感都跟甜点本身没有太大关系,却能让你感到愉快。30岁的你经济独立,有三五闺蜜,审美有品位,当然会喜欢这样一个无处不港湾,无处不阳光的好地方。像是Flamme或者Café Flatwhite我都常去,总能收获一些愉快心情,顺便祭奠即将逝去的公主梦。

40岁的时候,如果能从家庭和工作中放个小假,我一定会把老公小孩都放在家里,和姐妹们找一个精致又私密的下午茶店,发发牢骚,大聊特聊。大吉岭装在绘有莺尾花图案的骨瓷茶壶内,司空配上玫瑰酱。为了留住青春不惜重金做美容做塑身,也会希望下午茶的地方和你新做的水晶指甲一样完美。真到了那时候,估计我们的据点就会从漫咖啡搬进瑞吉酒店咖啡厅或者昆仑的岩走廊了吧。

甜点界的20、30、40理论对男人们来说也非常实用。看完这一段,你就会发现,讨好女朋友没有那么难。有时一枚柔软的cup cake可能比你费尽心思编出来的蹩脚笑话更能赢得芳心啊。

咖啡工厂的新鲜滋味
Café Flatwhite

走进 Flatwhite 的工厂店，你会以为自己来到了美国西部牛仔电影里某位农场主的谷仓！原木色层板拼装成的桌子，上面层层叠叠堆满了装咖啡豆的大麻袋，很有些气势。更特别的是这台德国血统的咖啡豆烘焙机！那个黑家伙看起来就像一个老式火车头，立刻带你穿越回工业时代。

蒸汽机车一样的机器，麻袋封装的咖啡豆，恍惚带你回到了工业时代。

它工作的时候整个屋子满满的都是咖啡香气，淡绿色的生豆子在里面转啊转，经过专业咖啡师的把关，出来的时候就已经变成油亮的成品咖啡豆了。新鲜烘焙的咖啡豆和烘焙好久之后的豆子，喝起来的味道真是差很多。烘焙之后三至四天，是咖啡豆的黄金时间，那时的豆子做出的咖啡，香气温润浓烈，回口不反酸，轻轻抿一口，从舌尖到食管，久久余情不散。这种好味道真心等不得，很多成品咖啡粉都无法比拟。和吃炸酱面一个道理，刚做好的热锅挑和放久了的面坨子，哪个更好吃呢？

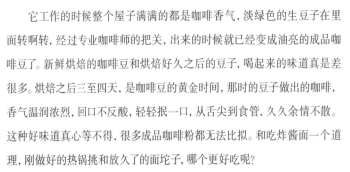

红酒的好味道源于酿酒师，新鲜咖啡需要咖啡烘焙师的细心制作。

戴帽子的是炒豆师 Matt，九年的炒豆经验。

Leo 是咖啡工厂的经理。和 Matt 一样，都来自新西兰。

这里的招牌是 **新澳咖啡 Flatwhite Coffee，**在新西兰和澳洲生活过的人，能从这款奶沫稀薄味道强烈的咖啡里，喝到南半球的味道。

简餐推荐**油梨塔**。天然的原料，鳄梨黑橄榄堆在蒜蓉面包上。酥脆和油润共存，但嘴里总是清淡的。我猜啊，老板在设计菜单的时候，就有意把所有食物都当成配角，生怕抢了自家好咖啡那油画般艳丽的风头呢。

卡布奇诺是我的大爱，馨香馥郁，浓艳悠久，上层用的奶泡经过反复打沫，细腻又坚挺，丝滑之间，味道轻如白云。上头撒一层薄薄的巧克力粉，糖都不用再放。一浓一淡，更突显出新鲜豆子的好滋味。

搭配胡萝卜蛋糕试试啊！

📍 Café Flatwhite
✳️ 西点甜点
⭐ 油梨塔 25 元
　　卡布奇诺 32 元
　　胡萝卜蛋糕 23 元
🕐 09:00—19:00
📞 010—84599678
🏠 朝阳区酒仙桥路 4 号 798 艺术区 751D—Park 时尚
　　设计广场 A9—T 座
🅿️ 停车免费
❀ 简洁大气不失温馨，是情侣约会圣地

品甜点/W

水泥丛林中人见人爱的味道

漫咖啡

假如你问一个恋爱中的女人："你爱他什么呢？"她回答你一串定语：帅气，多金，细心，有才华……那这个女人爱上的可能是符合这些定语的某一类人。但是如果她回答的都是细节："冬天的时候他会把我的手揣进自己衣兜里。""他害羞的表情特别可爱。"那么她真的爱他。细节最打动人心，爱上一个人和爱上一间咖啡店同理。

漫咖啡有三个细节正中我心怀。椅子，枯树，小熊熊。它们家有好多不一样的椅子，有的款式华丽，像来自某个欧洲古堡，有的破旧暗沉，像从街上捡回来的，还有的像技术学校的木工考试作业，或者奶奶家客厅里的摆设。看起来互不搭调，放在一个空间却颇为和谐，经得起琢磨。听说有些熟客认座位，每次都只坐自己最爱的椅子，有时地方被别人占了，干脆转身就走，咖啡都不喝了。

枯树也很妙，没有颓败之感，反而为室内增添了些许禅意，格调一下子就比连锁大店高远了不少。第一次去的时候我还仔细研究了半天，那棵树那么高，还枝枝杈杈的，是怎么从小小的木门里挤进来的啊？

对了，那棵树其实不是从大门搬进来的。直到把它放在了合适的位置，店主才封起侧面那面玻璃幕墙。

我是店里最红的明星哦!

亲,来口华夫饼吗?

小熊熊出镜率就太高了。每个文艺小青年都爱把它和拿铁、华夫饼摆在一起拍照。给你个熊揉捏一番,等餐时间嗖的一下就过去了。

BEST

东西还没吃,其实你已经被这些细节打动了,这时,当厚实的华夫饼上桌,鲜艳的水果镶嵌在圆鼓鼓的冰激凌球上,你哪里还把持得住嘛。如果胃口好又不怕长肉,一定尝一下**蒜蓉芝士面包**。你以为它是厚片面包盖了一层蒜蓉芝士的小被子,其实切好的面包缝里,还夹着若隐若现的蜂蜜,甜咸甜咸的,黏腻又厚实,存在感超强。我决定要独自吃完一整块。

漫咖啡

西点甜点

蒜蓉芝士面包 33 元
水果冰淇淋松饼 38 元

08:00—02:00

010—84573470

朝阳区将台西路 9—7 号(近珀丽酒店)

停车免费

韩式浪漫清新,安静舒适

185

赐予我力量吧，我有杯子蛋糕

CCSweets 创意蛋糕

250 P238 C-2

最近有一部叫做《破产姐妹花》（2 Broke Girls）的美剧非常受欢迎，讲述的是两个不同身世的女孩儿在小餐馆打工，梦想开一个杯子蛋糕店的故事。也不知是不是剧里对于 Max's homemade cupcake 的描述太过诱人，一时之间，cupcake 接替马卡龙的宝座，开始风靡甜点界。

这么美的翻糖蛋糕真的让人好想结婚，有没有？

我发现一个非常 nice 的创意蛋糕店，CCSweets 创意蛋糕店，它家的杯子蛋糕最得我心。**薄荷蛋糕**尤其让人惊喜。巧克力蛋糕原本浓郁厚重，伴随着清凉的薄荷奶油，幻化出柔和的口感。薄荷是店主自家种的，打碎之后与奶油融合，品质上佳，没有一丝油腻感。味道清得像初夏早晨，高山顶端的一口雾气下层的巧克力蛋糕拿捏得同样恰到好处。巧克力纯正丝滑，内部充盈着蓬松的孔洞，并不过分甜腻。薄荷与巧克力，一浓一淡，虽说碰撞不出什么山崩地裂的传奇，却也电光石火般让人忍不住发出"喔～"的感叹。

上层选用的薄荷奶油的薄荷是自家栽种的。

下层是纯正丝滑的巧克力蛋糕。

杏仁豆腐cupcake也非常优秀。
蛋糕湿滑轻柔，真的是用南豆腐和面才有的质感，加入了酸奶，口味便不寡淡，顶层的淡奶油散发着清新滋润的杏仁味。烘焙得当，好吃又不给身体增加负担，真不愧是杯子蛋糕界的模范生！快牵住我的手，好害怕吃完这枚蛋糕，整个人会变成一根羽毛轻飘飘地飞起来啊。

上层奶油非常清爽，有浓浓的杏仁味。

蛋糕里面真的有豆腐！柔软又湿润的口感，好棒！

店主周理音（人们都叫她 CC 小姐）从小在美国长大，有非常优秀的设计和绘画才能，她所做的翻糖蛋糕也是美不胜收。很多大明星都是她店里的常客。

P.S. 店面很小，装潢很一般，价格有点高，地方不好找，但真的值得一吃。

- CCSweets 创意蛋糕
- 杯子蛋糕
- 杏仁豆腐 25 元
  薄荷蛋糕 22 元
- 10:00—20:00
- 010—65336973
- 朝阳区新城国际 11 号楼 109 号底商
- 停车不太便利
- 用心就能带给别人幸福

品甜站

浓情不过巧克力仙境
Flamme

251 P239 F-2

有女人不注重形式感吗？也许有姑娘说无所谓，但我不能完全相信，因为女人同样喜欢口是心非。在恋爱中，形式感常常成为男女双方吵架的起因。女人会这样问：你为什么没有在情人节的时候送巧克力给我？你这样随便一问也叫求婚吗？我们去海边重新拍套情侣照好不好？这些问题对于神经大条的男人来说，简直让他无从回答。恋爱是谈出来的，谈得不到位的话可能会出大问题。所以在愉悦女性身心这件事情上，偶尔来个形式感爆棚的甜点，绝对百利而无一害。

对了，不要以为**餐前面包**可以省略，这里的餐前面包几乎是桌桌客人的大爱。加入了牛奶和鸡蛋之后，面包的内部结构变得无比柔软蓬松，奶香和蛋香兼备，像团不甜的棉花糖。外皮又硬又脆，内心却温柔细软，哈哈，这感觉是不是让你想到身边某位傲娇的朋友啊。

它家的牛排也是不错的选择。

冰淇淋奶油

热巧克力饮品

感谢我吧，我找到了一个**"巧克力仙境"**，可以满足女生对于形式感的所有想象。

先吃最清淡的白巧克力慕斯，然后是松露冰淇淋蛋糕，蛋糕里面是温热的巧克力浆，蘸上冰淇淋，冷热交融的口感真心销魂。接下来试试旁边那一小杯，浓浓的牛奶，用挂满巧克力浓浆的勺子轻轻搅动，它就成为一杯暖心的热巧克力饮品，配上巧克力酥饼，最后水果收尾……浓度不同，有甜有苦，仿佛经历了一场恋爱，你不再需要任何甜言蜜语。

BEST

白巧克力慕斯

松露冰淇淋蛋糕

巧克力酥饼

Flamme
西餐牛排
巧克力仙境 98 元
　　牛排 98 元
11:00—23:00
010—64178608
朝阳区三里屯路 19 号院
三里屯太古里南区 4 号楼 3 楼 S4—33 号
地下停车库停车
五星级味蕾享受，轻奢用餐环境

草莓 & 巧克力

这一盘已经足够满足爱情里所有的一唱一和了。

品甜点

入喉温暖的恋爱之味
MS Bonbon Café

253 P242 M-4

三里屯作为北京的时尚地标,服饰潮流变化快,餐厅更新换代的速度也很迅猛。在这里觅食,经常有种"好奇害死猫"的恐惧,担心美貌如花的新店吃出"男朋友劈腿姐妹淘"那种如鲠在喉的味道。

那天出奇的冷,屯子里所有咖啡店爆满,我和好友惴惴地走进新开不久的 MS Bonbon 咖啡。她正陷于异地恋的苦恼中,抱怨的话有一火车那么多,就快把我活埋了。我替她点了一个卖相很暖胃的**棉花糖苦甜热可可**,自己要了一杯樱花宇治抹茶。她的那杯先到,雪白色的棉花糖一团团地浮在可可上面,可可的热度使得棉花糖入口的时候居然有种毛茸茸的柔软,心都快融化了。朋友于是停止吐槽,沉浸在她的天堂里。可可浓度比较高,是略苦的口感,要和棉花糖一起吃,彼此映衬,配搭颇为合适。

不管是北京,东京,巴黎还是纽约,这种明亮复古的调调都让人喜欢。

然后我的**樱花宇治抹茶**上桌，绿茶粉的清香从奶泡上飘然而起，我像把整个春天都吸进了鼻子里。细腻，跳脱，清润，新鲜，恬淡。看电影的时候若配上这一杯，再烂俗的爱情片都能看出初恋的感觉了。

说来也巧，正当我俩享受着两杯热饮带来的暖意时，她男朋友倾诉衷肠的电话就漂洋过海地打过来了。苦甜热可可收了她的武器，她温柔得像棉花糖一样。没抱怨，没吵架，生活真美好。

偶遇一间好餐厅并不容易，就像是遇见那么多人，能相伴走一段的也在少数，幸亏 sometimes 好奇不一定害死猫。

激情熔岩甘纳许蜜糖吐司，超大规模的甜品炸弹，一击毙命。

- MS Bonbon Café
- 咖啡下午茶
- 激情熔岩甘纳许蜜糖吐司138元
  樱花宇治抹茶 38 元
  棉花糖苦甜热可可 48 元
- 10:00—22:00
- 010—64153955
- 朝阳区三里屯路 11 号
  三里屯太古里北区 B1 楼 NLG–326 号
- 太古里北区地下停车库
- 直到世界都融化在我口中

台湾离银锭桥不远

Cafe De SOFA

P238 C-3

"你为什么要带我来一间咖啡店吃卤肉饭?"或者是:"你干吗要带我来一间咖啡店吃三明治?"这是第一次来沙发咖啡的朋友最常问的问题。

沙发咖啡的老板是台湾人,很多台湾朋友把这里当成聚会点,要求他出品一些有家乡味的食物,于是卤肉饭和三明治出现在 Menu 里,并出乎意料地赢得了超高点击率。

我是弹珠~

二楼有老板悉心照料的多肉植物,精灵,小星球,小宇梦殿,蛛丝卷绢……那么多好听的名字,多美的小·世界。

BEST

搭配的炸红薯丝也很好吃!

我喜欢与众不同的**美而美三明治**。它好吃的原因是自制的美而美酱。酱汁没有蛋黄酱的油腻感,回味也不发酸,咸中带着香甜柔滑,你很难相信鸡蛋和白糖可以幻化出这么圆润的口感。这是台湾街头早餐店经典的早餐三明治,里头放火腿、培根或肉松都可以,但是一定要加上黄瓜丝和白胡椒粉,台湾客人才认为是最 local 的味道。

　　奶酪红茶一定要试，漂在红茶顶端的那层白云居然是咸味的！它用海盐颠覆了我对奶泡的感官。红茶本身甜度并不高，可是口腔经过了海盐奶酪的浸润，一点点甜味和茶香都会被味蕾捕捉到，两种味道充满对立又如此和谐，你瞬间就能明白为什么小时候外婆炒辣子鸡的时候总要放糖。

　　拿铁表面的奶泡必须新鲜，可是奶酪红茶的奶泡都得等八个小时才能拿来做饮料。它们俩刚放到一起的时候，总是奶酪是奶酪，奶是奶，喝着生涩。要给足它们相知相恋的时间，它们才能给你水乳交融的好味道。

弹珠你装什么深沉，以为自己是狮子王吗？

切开熔岩蛋糕得到一份惊喜！

"你为什么要带我去咖啡店喝红茶啊？"

林永健都去演偶像剧了，咖啡店里卖炸酱面也没什么不可以啊！

店里还有一位让人无法忽视的代言人，它就是"弹珠"。它有自己固定的位置，大摇大摆，坐客人大腿也不卑不亢。

 Cafe De SOFA
 西式简餐
　美而美三明治 52 元
　奶酪红茶 32 元
　11:00~22:00，21:00 后不供餐，每周一休息
　010—62032905
　西城区银锭桥胡同 12 号
　停车较困难
 哦！宝岛，你在我心里，也在我胃里

下午茶也可以奢华闪耀
昆仑饭店岩花园走廊

　　好姐妹在国外念完书，踌躇满志地归来，我们打算安排一个安静舒适的欢迎聚会。过了爱热闹的年纪，几个女生就想找个地方吃饭喝茶，人少环境好那种，两万句八卦聊起来。选了半天，还是去岩花园走廊吧。

从餐具到品相，无不诱人，但是先屏息欣赏一下，再搞破坏也不迟！

　　这里的下午茶可以享用套餐，各种精致的甜点排得整整齐齐，无限勾起我的选择困难症。

　　当英式红茶，巧克力蛋糕和水果盘放上茶几的时候，我们各自霸占一条舒适的沙发，小声说话大声笑，那画面还真像是《Sex & City》电影里某一幕的场景。

因为仿佛步入了美剧高大上的场景，让我在面对美食时也无从下手。

- 昆仑饭店岩花园走廊
- 下午茶
- 下午茶套餐 188 元
- 10:00—翌日晨
- 010—65903388—6714
- 朝阳区新源南路 2 号昆仑饭店 1/2 层
- 收费停车场
- 姐妹淘 tea party 新宠

有个朋友来晚了，惊讶地问："你们姐妹淘怎么选在了这么高级的地方？来这种地儿要是不谈个几亿的生意，都不好意思喝茶！"姐妹淘怎么就不能高级呢？星级酒店里的咖啡座经常被用来谈工作，很少人感受到沙发靠背很舒适，灯光的柔和恰到好处，餐具和点心搭配得多么精心，我都替它们伤心。

说实话，我以前觉得进星级酒店喝东西和去CHANEL旗舰店看新包包是一个道理，腰杆不够硬干脆就别惦记，省得伤钱又伤心。后来发现不少高品质的酒店，聘了非常好的甜点师傅，环境颇有品位，东西好吃人又少，下午茶的套餐并非贵得那么离谱。小聚一番，攒足的正能量可供消耗数天。所以，当我们变成独挡几面的大女人时，用做一副水晶指甲的钱拿来换三小时的口腹之欲与精神spa，划算啊！

品甜点

芝士就是力量
芝士青年

之前有人说,世界上有两种人,爱吃榴莲的人和不爱吃榴莲的人。我是榴莲国的忠实子民。喜欢这店也是因为它们家有**榴莲芝士蛋糕**,特别臭特别妙。以前喜爱纯粹的味道,甜就索性甜到腻,酸就酸进牙根里。时间久了,单一的终究令人审美疲劳,而那些本身带有异味的东西,反倒显得妙趣横生:臭鳜鱼,熘肥肠,blue cheese,榴莲蛋糕……喔亲,你们真是让我欲罢不能。榴莲本身口感厚实,和重芝士一拍即合。气味霸道,你咬下一口,呼吸之间香香臭臭甜甜腻腻,感觉就像被大章鱼牢牢吸住,无法甩脱却不令人讨厌。

店主叫兔子,所以提拉米苏也随主人,改名提拉米兔了~

东西好吃,单价不高,所在的区域又是时尚小·青年扎堆儿的地方,真是畅想未来的上佳选择。

我问店主,既然蛋糕里头放了新鲜的榴莲果肉,为什么不索性下料再猛一些,一口臭到灵魂最深处那种,不要有回旋的余地。

店主人说,因为冰柜容量有限,榴莲那股霸道的味道再重,就会"带坏"巧克力和蓝莓它们了。老板不好当,照顾客人口味还得照顾其他蛋糕们的心情,不然榴莲芝士必然独霸后宫,成为蛋糕界的熹贵妃。你尝一下,真的是萝莉的表面下藏了一个御姐哟。

- 芝士青年
- 甜品下午茶
- ★ 榴莲芝士蛋糕 28 元
  提拉米兔 28 元
- 11:30~22:30
- 010—64017164
- 东城区鼓楼东大街141号二层(南锣鼓巷北口西50米)
- 无停车位
- 榴莲忠大的逆袭

京

尝京味儿

234 宫保鸡丁王中王——华天峨嵋酒家

232 中正灌顶 小辣怡情——曲园酒楼

230 莫斯科的青春——大地西餐厅

227 百年老店 味久弥新——便宜坊烤鸭店

222 魔幻现实主义过把瘾——贾大爷卤煮

220 家造好味的胡同情怀——菊儿人家

218 一块蓝芝士就收心——泥庐餐厅

216 历久弥新最难忘——悦宾饭馆

214 馆子虽小京味俱全——张记涮肉

211 胡同里的宫廷珍馐——桂公府凤凰阁鸭王

208 这碗乡愁还是外婆的味道——八条一号餐厅

206 文艺青年的湘菜传奇——Life List

204 念中经 下洋面——吃面 Noodle In

202 佤寨风情京韵留香——埃蒙小镇

199 混搭之中有真味——胡同四十四号厨房

钻胡同，四九城里的美食漂流

约朋友吃饭，有两种情况能显得你特别有品：一种是你选的地方奢华大气，人人膜拜，东西又好吃，简直餐厅中的劳斯莱斯。另一种是你选的地方拐弯抹角，鲜为人知，东西也好吃，堪称餐厅中的沧海遗珠。

劳斯莱斯谁都爱，但是沧海遗珠更难得，我就有"沧海遗珠臆想症"。

我总想着胡同里有这样一个地方：当我推开某扇嘎吱作响的院门，就看见花花草草，猫猫狗狗在嬉戏打闹，沙发很软咖啡很香。男主人声音低沉，有刺青又能烧一手好菜，喜欢爵士也爱摇滚……然后，然后我就考虑一下要不要同他百年好合，安居乐业，前店后厂……以上臆想带给我无限的快乐，更主要的是，想想又不要钱。

当本小姐花痴地诉说完这段春梦，坐我对面的情场前辈缓缓吐出口中的烟圈，无情地打击了我："有刺青又爱音乐的文艺男青年啊，大多优柔寡断，个性软弱。如果选择经营生意，那必然是有一位厉害女人早已将他放倒，时时颗策。逼他喂阿猫阿狗不说还要附赠烧菜洗碗。前店后厂也原本是人家的旧买卖，男主人端着咖啡出来的时候，后厨正有双凤眼恶狠狠地盯着你呢。"话到此处，也只能搬出人艰不拆这四个字来压惊了。

是啊，如今这世道，别人家的×××才是好的。不过没关系，北京胡同小馆那么多，我一家家推门去吃，吃不到沧海遗珠还怕吃不到一口小香猪吗？

混搭之中有真味

胡同四十四号厨房

249 P240 H-7

四十四号厨房原本在北新桥细管胡同四十四号。细管本意就是又细又长,巷如其名,窄到车子开不进去,只能数着门牌号往里走。胡同里有古早味的小卖部,房头上的猫咪永远在打盹,还有哪家晾在外面的花裤头迎风招展……那些景色有种魔幻现实主义的意味,好像穿越回了上世纪六七十年代的光景,勾起你探秘的好奇心。所以听说老板娘黄榛把餐厅搬到了德胜门内另一条胡同口上,我还暗自遗憾了一下,好像传说中的老北京,离自己又远了一些。

贵州酸汤鱼

德胜门的新店依然叫四十四号,虽然没有之前的小径通幽,却多了几分闲适随意的感觉。黄榛喜欢旅行,四处淘换回来的物件经常在餐厅和家里换着地方摆来摆去。你可以在这里同时看到尼泊尔的挂毯,大理的绣片和澳洲的木头,我问她这算什么装饰风格,她说没风格,舒服,就是最好的风格。

装饰风格混搭,菜品也保持混搭路线。以前的四十四号最出名的是**贵州酸汤鱼**,黄榛是成都人,厨师是广州人,四十四号就成了好味联合国,别人问我,这家店做的什么菜系?我只能回答私房菜了。

尝京味儿

土猪蹄髈焖竹笋

这道菜有森林和山间小路的味道。竹笋的木质香气和风干的蹄髈简直绝配。历时一年多风干制成的蹄髈有特殊的气息，你闻，汤里弥漫的烟熏味是任何调味料都做不到的。

老板娘说可能是当了妈妈的缘故，特别希望能给家人朋友提供更安全的食材，于是在顺义租了一块菜地，以保证餐厅的客人和自家小朋友都能吃到新鲜安全的**有机蔬菜**。比如说人人都喜欢的**吞拿鱼沙拉**，看起来再平常不过，口味却异常惊艳！鱼露加芥末和柠檬的组合当然为沙拉增添了东南亚风情，不过起决定作用的还是自家菜园种的生菜！有人呵护的生菜真的比大棚里出产的更结实！入口厚实又脆韧，汁水和清香都十分充盈，比那些白灼一下就软塌塌的家伙有骨气多了！绝不是原汁原味的菜香那么简单就能形容的。

有机蔬菜

吞拿鱼沙拉

当了妈妈之后，女人的爱心责任心会呈几何倍数放大。为了方便带孩子的家庭来四十四号吃饭，老板娘特意租下了餐厅对面的一间平房，改造成了临时托儿所。孩子有地方玩，父母也能踏踏实实吃顿饭了。

- 胡同四十四号厨房
- 私房菜
- 贵州酸汤鱼 98 元 / 斤
  吞拿鱼沙拉 48 元
  土猪蹄膀焖竹笋 188 元
- 11:00—21:30
- 010—64001280
- 西城区德胜门内大街 70 号（近宋庆龄故居）
- 路边停车
- 京城寻味，私房尝鲜联合国

尝京味儿

佤寨风情京韵留香

埃蒙小镇

北京有很多胡同建筑，翻修后比之前多了很多艺术气质，例如方家胡同的46号院，现在变成了一个艺术家扎堆的据点。隐藏在这片艺术园区中的埃蒙小镇是一家非常受欢迎的佤族菜馆。佤族是一个崇尚太阳的民族，充满热情与力量，听过《阿佤人民唱新歌》的人都能感受到那种"山环水绕人欢笑"的原生态风情。埃蒙小镇就是这样一家够云南的馆子。

它家的菜和普遍意义上的云南菜还是不太一样的。佤族有一种吃法，就是将食材全部舂碎，比如**火烧干巴**。和火腿异曲同工，把牛肉进行腌制后风干烘烤，吃的时候不用刀切，而是用沉重的木槌将之舂碎，把坚硬的纤维组织捶松，熏香味就释放出来了，有种原始的香气。

火烧干巴

方家胡同 西
FANGJIA Hutong W

西双版纳的火烧干巴更好吃，芭蕉树下摆着一个个烧烤摊，烧烤架上面搭一个类似晾衣竿的东西，把牛肉一条一条地挂在上面。炭火的热度长时间烘着这些肉，肉本身基本脱水，而且完全吸收了烧烤烟熏的味道，味咸但也特别香。火烧干巴的香里面除了熏出来的香，吃的时候还要加上云南当地的香料调味，比如大芫荽、香柳等等，再配上辣椒圈，入口呈现出干生又富有层次的味道，绝对是一道下酒好菜，让人欲罢不能。

色泽足够引人食指大动，红绿相间，有辣椒的生香味，咄咄逼人。

豌豆粉是用黄豆做的凉粉，有点豌豆黄的口感，细、黏、面，用筷子夹起来就会断掉，能吃到豆子的小碎粒存在感。比普通的凉粉豆香味更浓，而且更软更糯。

除了火烧干巴，春猪肉也是做熟调味后再春碎。拿刀断过的肉，吃到嘴里会有种生命力戛然而止的感觉，但如果是春碎的，肉本身比较紧密的纤维还是连在一起的，虽然手春的过程会让肉被分割为大小不一的形状，但是天然的纹理咀嚼，口感会很自然。佤族很多菜看起来都是碎碎的，不讲求卖相，可一眼就能认出是它们的特点。比如说饭，煮好之后把事先炖熟的鸡春碎，将带有水分的鸡肉放到饭里面搅拌，看起来好像浓稠的汤泡饭。鸡肉碎和米饭混在一起，再加入香料，一勺享受多样口感。

佤族做菜还有一个特点，就是做什么都放香料，香料就是一切滋味的根源。天然的香料散发的植物香气，没有精加工再醇和的过程，保留了原始纯正的原香，闻起来就能通感到佤族的大小村寨。

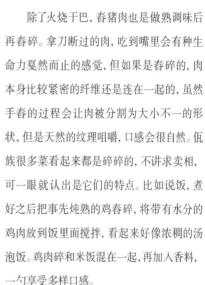

- 埃蒙小镇
- 佤族菜
- ★ 火烧干巴 58 元
  - 春猪肉 32 元
  - 豌豆粉 22 元
- 11:00—22:00
- 010—64001725
- 东城区雍和宫方家胡同 46 号 G 座（近国子监）
- 停车不便，建议乘坐地铁
- 小隐于市，自然原香

念中经 下洋面
吃面 Noodle In

249 P238 C-5

金牌蘑菇肉酱面

没有刺青的摇滚青年不是好厨子!

　　鼓楼吃面的老板兼大厨是玩摇滚的,老板娘是玩摇滚的,帅气的厨师也是玩摇滚的。音乐人或许天生就有种敏锐的直觉,把各地演出吃到的好菜写进自家菜谱,让菜谱也摇滚一把。不按套路出牌的作风,给人耳目一新之感。

　　我最喜欢他家的**金牌蘑菇肉酱面**。可别被名字骗了,除了这名儿,这盘面条跟老北京传统炸酱面一点关系都没有。

大傻帽鸡翅

酱料用牛肉代替了猪肉，酱汁调得稠稠的，新鲜的口蘑也放进去翻炒，里头还加了西餐才用得到的香料，吃起来回口甜，香气也甚浓。这样的味道分明不该出现在中式面条中，它更像是某个意大利人来北京旅游了一趟，回到那不勒斯凭想象做的"老北京炸酱面"，怎么吃都有外国的 feel！面条用的不是手擀面，像切面又不太像。据说面粉还加了高筋粉和鸡蛋，为的就是让面条跟意大利面一样筋道弹滑。我嫌老板太小气：人家老北京炸酱面都有好多样面码儿，你家炸酱面却只给三条黄瓜。老板说：没看到面条上摆了法香吗？我是按意面的造型出品的啊，三条黄瓜已经算多了！

不要纠结于面前这一盘面究竟该如何定义了，英雄不问出处，老北京炸酱面赶个时髦也别具风情。当老板娘微笑着送上一副刀叉，你就真当自己是在吃西餐好了。

在鼓楼脚下用刀叉卷起意大利风味儿的炸酱面，这也算一种 Rock & Roll 的 Style 了吧！

另外推荐**大傻帽鸡翅**。别看鸡翅发白，其实是沪上糟卤味道，再加上些许西餐香料，口味非常有特色。老板雷俊在上海的时候，吃到朋友做的鸡翅，感觉甚好，于是学回来让大家尝鲜，大受好评。但是写在菜单上总得有个名字吧？于是用了那朋友的乐队名"大傻帽"作为鸡翅的名字。这名儿还真是让人浮想联翩啊。

🔖 吃面 Noodle In
✳️ 特色面
⭐ 金牌蘑菇肉酱面 28 元
　　大傻帽鸡翅 38 元
🕐 12:00—22:00
📞 010—84023180
🏠 东城区鼓楼东大街 81 号（小经厂胡同口内 15 米）
🚗 胡同停车
⬇️ 每个小清新吃货的心中都有一碗重口味的面

文艺青年的湘菜传奇
Life List

248 P242 L-9

在京范儿之外的胡同餐厅里，Lifelist
比较接近我所谓的"沧海遗珠"类型。原因
有三：

1. 地方不好找。
2. 环境符合文艺青年对于浪漫和自由的想象。
3. 菜品不拘一格，私家味道浓郁。

这是胡同深处的一个老院子，老板把院
子封起来做成阳光房，牺牲了一部分面积，
但很贴心地给院里的大树留了位置。天气好
的时候坐在院子里，一抬头就能看见树枝摇
来晃去，还有猫咪在玻璃屋顶上溜达。餐厅
最里面的大白墙刚好做成投影屏幕，迎接旅
行归来的背包客，在这里分享各自的摄影作
品，当然还有旅途中的故事。我猜，这里的老
板大概是一个旅游爱好者或者从业者，喜欢
音乐或者摄影，也许就是想把内心所有的文
艺情结都投影在这里。当然我没遇见过老板
本人，这些都是我的猜测，但有一件事我很
确定——老板很爱吃肘子！

招牌菜秘制肘子，一直都是排名
第一的创意菜。老汤加上长时间
炖煮，这就是每只肘子酥烂入味
的秘诀。上桌前在肘子表面铺满
辣椒和芝麻，用热油一浇，原本
充满北方气质的酱香味瞬间多了
几分麻辣诱惑，外皮也紧致柔韧
了几分，简直是北方壮汉变身湖
南辣妹子的节奏啊。

秘制肘子

还有一道辣妹子很爱的菜叫做**酱板鸭跳跳蛙**。简单地说就是馋嘴蛙汤里放进了湖南特产酱板鸭，但是两者的味道却因此变得大为不同。馋嘴蛙多了风干的香气，酱板鸭吃起来也不那么柴，味道确实别出心裁，不过也真是罪大恶极，辣得众人欲仙欲死。我问年轻的厨师小王，怎么想出来这种辣上加辣的组合啊？他说，老板的妈妈是湖南常德人，这是她的创意，老板觉得好吃，就让他试着做做看，这个1989年的小厨师从没吃过这道菜，居然研究出了令人垂涎的成果，再配上独家腌制的酸萝卜，味道好着呢。

酱板鸭跳跳蛙

米椒炒鸡蛋是地道的湖南风味，大米粉加上辣椒碎炒制再腌过，米椒更入味，炒什么都好吃无比。

茉莉花开：当厨师不是那么容易的，老板的家乡菜得炒出水平，老板娘爱吃的东南亚风味也要研究透彻。

我是怎么知道老板爱吃肘子的？细心的食客能够发现这里的吧台出售德国啤酒，玄关处喝空的德国啤酒罐堆了老高。哪家湖南菜餐厅会出售这么傲娇的德国啤酒啊？除非老板是个德国肘子爱好者，而碰巧觉得家乡口味的大肘子配啤酒更赞，才会让这两样东西在自己的文艺情怀里肆意泛滥吧。

- Life List
- 湘菜
- 秘制肘子 108 元
  酱板鸭跳跳蛙 78 元
  米椒炒鸡蛋 42 元
- 11:00—22:00
- 010—84028460
- 东城区鼓楼东大街厂大经厂西巷 14 号（南锣鼓巷北口）
- 无停车位
- 情谊千金，不敌肘子四两

当京味儿

这碗乡愁
还是外婆的味道

八条一号餐厅

249 P237 B-3

　　从小就爱吃外婆炖的牛肉。深红的汤油润润的，香气简单而厚重，牛肉一半肥一半瘦，焖得非常久，久到每块肉都像蒸完桑拿再做了个泰式按摩，又松又酥。打开锅盖，拿大勺连汤带肉地浇在米线上，撒点辣子，端到面前简直就是一碗天堂。

　　到北京好多年，我一直没发现能和外婆的手艺比肩的炖牛肉，直到去了八条一号。

　　老板是大理剑川人，跟外婆是同乡，用了地道的家乡做法，选肥一些的黄牛肉，炖完不立刻上桌，而要在锅里焖一夜。经过漫长的夜晚，一块块紧实的牛肉放下防备，展现出松弛柔软的状态，散发的肉香里有时间的味道，是其他烹饪方法所不能比拟的。

炖牛肉用砂锅盛出来，旁边放一个小碟，里头是花椒面和辣椒面。北方人吃炖牛肉是不放这两样的，但是按照云南的吃法，最后要是不捏一把进去，就不算正宗的大理炖牛肉。

西四北八条
XISI BEI 8 TIAO

酱炒土豆片

酸腌菜蚕豆汤

大理牛肉

　　每次来吃八条一号都有种错觉，疑心自己回到了昆明。**酱炒土豆片**口感又沙又面，口口都裹着浓重的烟火气。**酸腌菜蚕豆汤**也是极香，拿来拌米饭绝对无可挑剔。要不是这家小馆还兼做地道的京味菜，我很可能觉得出门转弯就是小时候去外婆家走的那条街，脚步响一点狗狗就会跑出来迎接我了……

　　现在八条一号是我缓解乡愁的最佳地点，可我并不是每次去都点大理炖牛肉。小时候熟悉的味道依然在心里，可是外婆已经去了天堂。她走的时候我正在北京工作，没能送她回故乡。你思念一个人的时候，她就无处不在，就算绕开所有跟她相关的事情，思念还是会在不经意间开始蔓延。我不敢点炖牛肉，想回避那一段回忆，可是隔壁桌的

肘子卷饼

不自己尝一口的话，你真的不会相信一个云南餐厅能做出这么好吃的京味儿烙饼卷肘子。烙饼的时候加入了鸡油鸭油，酥脆松软，不是简单的食粮香味可以形容的。肘子内入味而绵软，油脂融化在饼里只需你咬下去的这一口的时间。

砂锅里飘来阵阵香味，我就仿佛看见外婆把牛肉和汤浇在米线上问我："小梦遥，这碗够不够啊？"

有一次我带梁冬先生去八条一号，他畅快淋漓地喝完三大碗洱海海菜汤之后问我："这样好吃，用心又便宜的小馆，在北京你能数出多少家？以后带我走一遍！"我认真地想了想告诉他："答案可能会让你失望，屈指可数，一只手都用不完啊。"

🍴 八条一号餐厅
✳ 云南菜
★ 大理牛肉 26 元
　　肘子卷饼 46 元
　　酸腌菜蚕豆汤 36 元
🕐 午餐 11:00—15:00　晚餐 16:30—21:30
📞 010—66166292
📍 西城区西四北八条一号（平安里路口）
🚗 有停车位
❤ 离家不远，云南故乡情

胡同里的宫廷珍馐
桂公府凤凰阁鸭王

247 P239 G-3

桂公府烤鸭

桂公府在大方家胡同附近，一个看似很窄的胡同里，但是等你一进门却发现别有洞天！大到能把车子停进院的古朴宅邸，第一进院子的面积就把人镇住了，听说这个院子确实和清朝皇室有关，好像是当年慈禧太后的弟弟的府邸，经过了翻修和改建后，这个地方简直变得一步一景。在桂公府里吃的不仅仅是味，更要品一品老北京的调，棉门帘、石榴树、大水缸，还有小八哥和花草掩映，仿佛回到了旧日时光。

它家主打的菜式是**桂公府烤鸭**，与别家不同，它家把烤鸭做成了单人份，好像西餐的分餐制，让人觉得很新颖。烤鸭旁边配的酱汁很有讲究，它不是传统的酱汁，味道透着花香，尤其夏天的时候，院子里的紫藤花特别美，你可能会分辨不清这香味是来自口

老北京味儿

中还是抬眼望见的地方。在调甜面酱的时候加入了桂花，所以吃起来甜度比普通甜面酱更高，香而不腻。

第二个讲究就是，吃烤鸭一定要配一杯井水。这个井水可是大有来头而且很奇特，少说也有上千年的历史了。在作为慈禧弟弟的府邸前，这个院子在宋朝就存在，而宋朝的时候它是一座庵，改朝换代的时候人们把井给封了起来，所以后来很长时间大家都没有发现这一口井的存在。早年间北京城中井虽然很多，但是能够出水的为数不多，甜水井就更少了，大方家胡同一带的井都是苦井，甜井只此一眼。而且井水的水平面常年在4米左右，非常浅，距地表这么近，下雨的时候却不影响水质更是神奇。经过水质检测报告，这口井的水是一类用水，把鱼放进去鱼是活不了的，因为含氧量特别低。

这口井默默地存在了这么长时间，却不知道哪一天就会枯竭，所以更需要格外地珍惜。在这杯井水上桌前，人们事先把水提出来，然后用大铁锅烧开，再分装晾凉，你仔细品的时候真的能喝到甘甜清香。听说香港某影帝曾经以万元价格买走过一铜壶井水，那一壶水也就是两瓶矿泉水的量。所以说，

慈禧臊子面

慈禧油泼面

开水白菜

如果你要宴请外地来的客人,大家吃饭的时候能来上这么一杯井水,再细品这些历史故事,口中的食物也会瞬间变得更有文化意味,味道自然也是越品越香。

除了烤鸭和高端大气的**开水白菜**、**鳕鱼狮子头**,我个人觉得最好吃的是它们家的面。面的用料很讲究,辣椒面陕西风味极浓,西北风味和川味唯一的不同就是红而不辣,热油浇上去之后香味扑鼻。即便你吃烤鸭卷饼已经撑到了,但是添了醋香加辣香的面还是会禁不住诱惑地再来一碗。

它家的面有两种,带汁的是**慈禧臊子面**,据史料记载,庚子之役后慈禧太后携光绪皇帝西逃,逃到西安后,京城官员安排膳食房精选五百余种美食供太后选择,慈禧看后,吩咐随从以臊子面用膳,吃后连赞酸辣正合口味。而且经过改良的肉臊更大粒,吃起来过瘾非常,又有饱足感。另外一种就是**慈禧油泼面**,这是我的最爱,下料真的猛,味道真的足,虽然面的量只有一小撮,但是撒上足够多的辣椒碎,香到无以复加!又因为辣度不高,所以即便不怎么爱吃辣的人也可以享用。

桂公府凤凰阁鸭王

官府菜

桂公府烤鸭 288 元 / 只
慈禧臊子面 38 元 / 位
慈禧油泼面 38 元 / 位

午餐 11:00—14:00 晚餐 17:00—22:00

010—85112223

东城区朝内南小街芳嘉园胡同 11 号

院内免费停车

吃一口京香飘远方,真正的美味断人肠

馆子虽小京味俱全
张记涮肉

249 P246 Z—3

前门作为北京的地标性建筑，吸引着五湖四海的游客。由于商家众多，稍不留神就会沧海遗珠。所以千万别因为店家门脸小就对其品质疑，否则你就会错过这家地道的北京馆子啦！张记涮肉隐藏在前门边上一个普通的月亮门后，在这里除了有热乎乎的铜锅涮肉，还能吃到很多地道老北京的传统小吃。

这家店的老板是一位老北京回民，熟知进货渠道，每天夜里 12 点都会去牛街亲自挑选肉质上乘的牛羊肉带回店里，从锡林郭勒盟运来的第一拨新鲜羊肉中，挑选出较白，颜色粉嫩，没有血水的就果断下手。

要知道真正会吃的主儿对冰鲜的羊肉根本不屑一顾，他们是要挑部位吃的。所以张记涮肉对羊肉的部位划分得极细。

你一定想不到，这里所有的小吃都是限量供应的。小吃的用料虽说不上昂贵，但在细节上足见讲究，通过粗粮细作将北京传统的味道融入一碟碟小吃之中。

作为一个南方人，我不觉得炸咯吱是好吃的食物，但自打在张记尝到浓郁的豆香后，便不能自拔。张记的炸咯吱用精良豌豆面和绿豆面按照一定的比例调和，然后用纯面粉发酵制作而成。发酵的时间最难拿捏，尤其在北京炎热的 8—9 月中，稍不留神就会

麻豆腐也是用绿豆粉在大缸中腌制发酵而成的，汤汁用的就是著名的老北京豆汁。想要麻豆腐鲜香就要用羊肉末、羊脂、羊尾油来炒制，再加入标配的雪里红，而且一定要选择黄雪里红，否则青雪里红的涩味会影响麻豆腐绵长的滋味。

麻豆腐

炸松肉

他们家的松肉和其他店最大的区别是真的有肉！外面是油皮，里面加了羊肉后，将土豆、山药和咯吱用肉汤均匀搅拌再拍成泥。过油炸，当真外酥里嫩，咬起来"嘎吱"作响。这道小吃看似简单，但却很费功夫，拍成泥这个过程就是为了肉料没有空气，还原松脆，做起来麻烦，卖不上价，所以每天限量20—30份。

出现发酸的现象，所以发酵的时间和比例都要根据季节的变化而调整。保证入口松软绵细，吃起来豆香四溢。这个小吃也是限量的，每天只供应30份左右。张记涮肉在前门有20年的历史了，由于很多食物都限量供应，所以老主顾都建议老板开个分店。老板却担心一旦店铺做大，质量与口感就很难把控了，他选择将全部的心力都投入在这家小店上，只需精益求精，无需虚假繁荣啊。

- 📑 张记涮肉
- ✳️ 铜锅涮肉
- ⭐ 炸松肉 26 元
- 　　炸咯吱 16 元
- 　　麻豆腐 22 元
- 🕐 午餐 10:30—14:30 晚餐 16:00—22:00
- 📞 13391721964
- 🏠 西城区煤市街 95 号
- 🚗 不方便停车
- 🌱 胡同里的北京，舌尖上的地道

历久弥新最难忘

悦宾饭馆

248 P246 Y-9

翠花胡同里的悦宾饭馆不仅是胡同菜的前辈，更是新中国个体户餐馆第一家。从八十年代开张至今三十多年，菜色差不多还是老样子，做法和口味也差不多还是老样子，餐馆环境也差不多还是老样子——木头窗户大白墙。只是菜单换了几次，价钱从几毛钱变成几块钱，有的涨到几十块钱。

一次我带外地慕名而来的朋友去悦宾吃饭，门口那桌坐了个女孩儿，独自一个人，点了个招牌的**蒜泥肘子**，旁边配了个青菜。我看着那盘肘子肉暗暗心惊啊！一份肘子量真不少，堆得像小沙丘那么高，几个小伙子都够吃的量！

我们这桌也点了一份肘子，要了**面筋扒白菜**和**软炸回锅麻辣牛肉**，都是招牌菜。肘子肉炖得烂乎脱骨，因为烹了好多醋，醋汁里又加了大量的蒜碎，没什么肥腻感，醋和蒜配搭的口味拿捏到位，让北方人顿生一见如故的亲切感。牛肉也好吃，裹着蛋液炸了一遍再回锅炒制，酥脆的外皮裹着酸甜的汁儿，

蒜泥肘子

面筋扒白菜

第一口让你误以为它是一份糖醋里脊，可是吃着吃着，味道突然就出现了辣味和酱香，居然还有点儿烤串的感觉。这一里一外两种味道，和谐又有层次，非常下饭。

朋友边吃边聊，经常在外面出差，很少能吃到这么老派的味道，像是爷爷奶奶还在家掌勺时才有的味道。这种怀旧感特别下饭！第一次来这家店就已经像在这里吃了一辈子了。"但是很奇怪啊，"他说，"人人都有怀旧情结，可是大多数新开张营业的怀旧餐厅，生意却不见得好，这是为什么呢？"我说："这是因为这家店已经经营了三十年了啊！来找回忆的客人希望它永远是三十年前的样子，因此允许你环境不好，盘子有缺口，甚至卫生间令人发指。但这样的宽容，也只对这样的老牌小店有效。你是90后入住的新媳妇儿，硬要穿上奶奶的围裙下厨，学得再像也不是奶奶的味道，怀旧起来当然要被百般挑剔啊。"

吃到一半，我喊服务员加水，回头的时候看见门口那桌的女孩儿还在那，整份肘子居然所剩无几了。

软炸回锅麻辣牛肉

🏮 悦宾饭馆
❋ 家常菜
★ 蒜泥肘子 52 元
　 面筋扒白菜 19 元
　 软炸回锅麻辣牛肉 45 元
🕐 11:00—21:30
📞 010-85117853
🏠 东城区翠花胡同 43 号（中国美术馆正门对面）
🚗 路边停车
💬 胡同餐鼻祖，吃的就是这种情怀

尝京味儿

一块蓝芝士就收心
泥庐餐厅

248 P243 N-1

我们在寻找美食的过程中经常用"酒香不怕巷子深"来形容某样食物是多么好味，就算藏在世界尽头，也能被灵敏的食客挖掘出来。泥庐也是众多曲径通幽style的好餐厅，只不过它吸引我的不是多么鲜香的好味，恰恰相反，我爱上了它的"臭"。

那天，我们几个女孩子去小院里聚会，阳光明媚的天气，微风绿树之间的午饭加上下午茶，是多么深得人心，更何况还有女生之间最解压的运动——互相八卦。我们叽叽喳喳地边聊边卷起海鲜意面，切开多汁的鳕鱼，一切都恰到好处，直到一块比萨上桌，欢乐的气氛戛然而止。那个比萨长得太不讨人喜欢了，饼皮上面什么都没有，说好的萨拉米肠呢？肉丁彩椒和黑橄榄呢？什么料都没有也就算了，居然隐隐约约地泛起一块块灰蓝色，闻起来也臭臭的。我还在寻找臭味的来源，已经有个嘴快的妹子大喊起来了：这怎么能吃呢！这是烤好一个星期忘记端出来的东西吧！

蓝波芝士比萨

服务员立刻过来解释说这款比萨是店里特制的 blue cheese pizza，味道和颜色都来自奶酪界最丧心病狂的 blue cheese 蓝奶酪。一些人理解不了早期的欧洲人，为什么要把新鲜的奶酪放进山洞里，让它们长霉变臭再食用。其实我也无法理解北京人觉得臭豆腐抹炸馒头片是绝世搭配。Anyway，食物这件事充满了个人偏好，但是很多东西要亲自尝试才有发言权。于是我在大家祝福兼嫌弃的目光注视下尝了一口。哇！！！然后是第二口、第三口，简直惊艳啊！那感觉就像

白汁意面不仅配料丰富，更在面条下加了一点海鲜汤汁，非常滑润。上面配的是马苏里拉奶酪，味道不重，不会夺去海鲜本身的滋味。

熔岩蛋糕配搭很重要，在烤得刚刚好的时候，里面的巧克力已经融掉，但是外面还是脆的。吃的时候挖一勺热巧克力配冰激凌，一冷一热在口腔中碰撞，冰火奇缘。

是……想象一下，你突然间听说"闺蜜的男朋友是李敏镐"，绝对胸口一记重击！后来我们几下就把比萨分吃光了，当然，也有人坚持底线，死活不碰散发臭味的食物，比如不吃卤煮，臭鳜鱼和榴莲。

其实合不合胃口不试试怎么知道呢？聪明的女人得懂得适时放下身段。Blue cheese 太臭，很多人对它敬而远之。可是放下偏见尝一口，却发现配上蜂蜜后，比萨的口感更加香浓悠长，比马苏里拉涂番茄酱有趣多了。要是不放下身段，就会错过这美味啊。最后友情提示一下，姐妹淘没关系，小情侣要注意了，吃完之后三小时内不适合耳鬓厮磨和亲吻哦。

泥庐餐厅
意大利菜
蓝波芝士比萨 88 元
橄榄油汁意面 68 元
熔岩蛋糕 58 元
10:00—22:00
010—64018779
东城区国子监街 40 号院内（近国子监街）
有停车位
重口奶酪，清新甜点

家造好味的胡同情怀
菊儿人家

248 P241 J-2

上次我去菊儿人家的时候正值盛夏，小平房空调不够凉，怎么待着都觉得难受。店主阿姨给我上了份红豆双皮奶，还有一小碗牛奶冰淇淋。朋友端起那碗凉丝丝的双皮奶就要往外走。我在后头大叫："去外面吃啊？疯啦！太阳晒爆皮啊！中暑怎么办啊！"

勉强坐在屋檐下细长的阴凉里，活生生地成了这条胡同的布景。朋友扇起蒲扇，一勺一勺吃着他的冰淇淋。他说小时候的家就是这样的啊，搬个小板凳，穿个背心坐在胡同里，吃点喝点，和过往的邻居扯几句闲篇儿，那时的邻居都很熟络，谁家老人生病了，谁家来了客人都要帮着张罗。他们这些小孩子屁颠屁颠满处跑，进谁家都当自己家，生活跟小曲儿一样婉转有味道。也不知道是冰凉的双皮奶起了作用，还是听他说着往昔胡同里的日子，渐渐忘记了烦躁。红豆甜甜沙沙地都煮开了花，双皮奶在嘴里颤巍巍地化开了。我听见隔壁小卖部传来的音乐声，抬头看对面房檐儿上，细长的小草偷偷在拔高，还有只脏兮兮的小白狗趴在那边拐角，斜眼儿看着我，想吃我的双皮奶，又有点爱答不理的慵懒劲儿。当时我在想：北京，我以前只在电视里见过你的这一面啊。

红豆双皮奶

卤肉饭

大家都知道卤肉饭是正经八百的台湾特色，可谁想过在北京的胡同里也有这么一家卖卤肉饭的小店，卖得还极红火。菊儿人家的阿姨就凭借这一碗好饭做出了名堂。她家卤肉饭的味道根本无法用正宗或不正宗来形容，因为做卤肉饭的阿姨之前从来就没吃过卤肉饭。曾经，阿姨的女儿减肥减到什么都不爱吃，阿姨看着实在心疼，想着做些开胃的食物给女儿补充营养。于是她把肉碎碎地切成小丁卤制，将肥油全部渗出去，再配上米饭，加点小菜。邻居串门吃过后说，你这个不就是台湾的卤肉饭嘛。

但是菊儿人家的卤肉饭和台湾卤肉饭同型不同味，说是卤肉饭，更准确的叫法其实是肉碎饭。北方人做出来的味道少了台湾那边偏甜的口感，再一个是不会油乎乎地腻人。阿姨觉得既然这碗饭的口碑和口感都这么好，何不把它拿出来售卖。一碗做工非常细致的饭，所有的肉都是五花三层的小肉丁，卤得咸甜入味，一口吃出家的味道。阿姨人实诚，一碗饭的分量很足，米饭不够吃还可以再加。我有时候偷偷地想，阿姨是不是把每一个到店的顾客都当成了自己的女儿？希望这一点点美味能够温暖我们有些疲惫和受伤的心？但是我从没问过，因为觉得这种想象很美。

🏠 菊儿人家
✳ 私家小厨
⊛ 卤肉饭 25 元
　　红豆双皮奶 10 元
🕐 11:00－21:00
📞 010－64008117
🏠 东城区南锣鼓巷小菊儿胡同 63 号（近南锣鼓巷北口）
🚗 没有停车位
🍴 饱腹不贵，一碗好饭

魔幻现实主义过把瘾
贾大爷卤煮

248 P248 J-3

前门大街改建完了以后，好多人都说再也找不回往日熙熙攘攘，车水马龙的热闹了。虽然道路拓宽，两旁的建筑也更加整洁大气，可就是觉得哪里不对。像前门这种地界儿，明明有种老北京发源地的感觉，所以我为了找回那已经失落的日子，决定往小胡同里面扎。

前门大街观音寺街里，有一家店即使你与它素未谋面，也能从嗅觉上判断出它的位置，没错，就是这家贾大爷卤煮! 卤煮这个东西很有北京特色，跟豆汁一样，爱的人简直爱不释手，不爱的人，绝对闻风丧胆……贾大爷可是个真人儿，你看店门口那个揉着核桃，逗着鹩哥儿的人就是他，一张口就是京腔儿，字正腔圆，坐下来听他说说早年间的前门也是个乐子。贾大爷在北京的摄影圈也是有头有脸的人物，北京最早开影楼的就是他，如今店铺里满墙陈列的都是贾大爷的摄影作品。黑白片儿流行的年代，看看方圆 1.5 平方公里之内的前门旧貌，有手艺人的作品，有沿街叫卖的货郎，有小孩儿捧着橘子汽水心满意足的表情……总共 6 万张的作品啊。可是贾大爷觉得，16 万张照片也说不清楚大前门的美。

不仅贾大爷自己是个有故事的人，他的店铺四周的建筑也足以拍出一部历史纪录片。其实说起来，前门附近以前可都是声色场所，

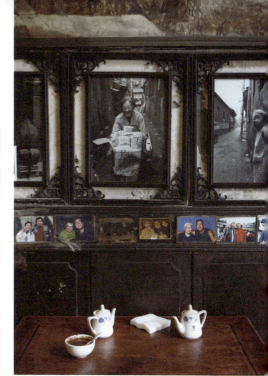

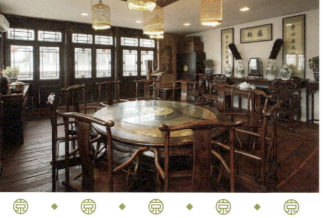

茶馆、戏楼、客栈……那时候大名鼎鼎的八大居也在这附近，提笼架鸟的遗老遗少们你来我往，其中的故事也是件件惊心。传说小凤仙和蔡锷将军的那段情还与贾大爷家紧邻的几栋楼密不可分呢。店铺对面的楼是小凤仙和蔡锷将军初遇的地方，想想那一眼定情的瞬间直叫人酥麻传遍全身。边儿上的那栋楼也跟小凤仙有关，据说是她最后一次在公众视线下出来，约见的更是个大人物——梅兰芳先生。其实梅兰芳与小凤仙只是一面之缘，大概是在一张桌上吃过饭的缘分，可是后期小凤仙落魄了，需要人伸手拉一把，梅先生虽然与她过往不密但还是伸出了援手。自古红颜多薄命，想想也算是悲哀，不免有些伤感。

要说卤煮店能说出这么多故事，还能引人想象实属不易，所以说它是"最文艺"的卤煮店一点都不过分。全开放的后厨里，师傅手里的菜刀总是不闲着，那口锅总是咕嘟咕嘟地翻着热浪，那香味也总是勾引着来往的游客。剁碎了刚出锅的小肠、肺头还有肥瘦相间的五花肉，这一碗卤煮简直要翻腾出一个乾坤了。他家的卤煮带着典型的南城风貌，油水足，一不小心就能把你撑着，早年间这叫解馋，现在说来这叫吃得豪爽！开吃前淋上点蒜汁儿，软烂的小肠，搭配咯吱作响的肺头，最后再把沉底的火烧捞起来呼噜呼噜地吃进肚。嘿，绝对够味儿！

我有时候真想回到往昔，在落日的余晖中喝一碗大碗儿茶，看着走城门儿的男男女女，猜猜他们身上的故事，偷听下街头巷尾的对话，抬眼一看，刚好有群鸽子飞过。这青砖红瓦间的情怀它永远都在，就看你想怎么品出来了。

卤煮火烧

🏠	贾大爷卤煮
✳	北京小吃
★	卤煮火烧 18 元
	炸灌肠 15 元
🕐	10:00—22:00
📞	无电话
🏠	东城区大栅栏西街 40 号
🚗	无停车位
😊	哥吃的不是卤煮，是京腔京韵

老字号，扎根京城有里有面

在这个用微信都能点餐的时代，提到"老"字人们都避之不及。说小姑娘穿得老气一定白眼相向，说你的想法太老旧了也一定被啧啧鄙视，可唯独在吃上，人们不怕老。想当初前门大街整修的时候，不少人为老字号捏了把汗，觉得这是动了筋骨和血脉，可是事实证明，姜还是老的辣，老字号的主顾们一个不落地又去新店捧场了。

有人说这是种情结，也有人说这叫认死理儿，我还能再补充上一点，好自是好，老字号的传承不光是靠岁月的沉淀，更多的还有与时俱进的骨气。有一些共通点是老字号秘而不宣的。比如：有特殊的供货渠道；国有国法，店有店规，职业操守一点都不能降……因为老字号们特别明白，新生事物的激荡，是挑战也是机遇，你有你的另辟蹊径，我有我的稳坐钓鱼台，不管多少烤鸭、多少川菜馆开起来，正室范儿绝对不能丢！

我有时候喜欢坐在老字号的饭庄里听故事，因为身边坐的都是这家店的忠实拥趸，一半又是上了年岁的人，在那个吃吃喝喝还不这么便捷发达的过去，老字号的好味道给他们青春留下的记忆是那么深刻。年轻人也许更偏爱小情小景，因为他们爱的是新鲜刺激；老一辈人爱的是夕阳里那温暖的光辉，这份感觉让人更踏实。

想到老字号我就想到了家，总有种冲动要带家人来团聚，在这个人情淡漠的水泥森林里，家，是我们的避风港湾。家，更是我们心中尚未崩坏的地方……嘿，家在跟你招手呢，你现在就回去吗？

百年老店 味久弥新
便宜坊烤鸭店

247 P237 B-4

说便宜坊之前，先说说这家店所在的鲜鱼口。很早以前这里是一个漕运码头，有鱼鲜在此贩卖，相当于现在的海鲜市场，所以叫做鲜鱼口。在五百多年前的明朝正统年间，这里逐渐形成了一条繁华的街道，餐厅、茶楼、戏园、手工作坊一应俱全，吃喝玩乐一条龙。古人的娱乐生活是怎样一种风貌已经无从考证，但是2011年鲜鱼口美食街修缮后重新开张，古建风格和浓郁的京味儿美食老字号，倒是给我们提供了一些怀念与想象的依据。再尝尝历史悠久的便宜坊，这想象就越发鲜活了。

始创于明朝永乐十四年（公元1416年）的便宜坊，当之无愧成为最资深的烤鸭店。烤鸭虽好吃，但却有点油腻，尤其在日新月异的当下，单纯的焖炉烤鸭已经不能满足便宜坊与时俱进的心思了，追求"绿色烤鸭"的便宜坊玩起了"跨界"，将鲜嫩的鸭肉与清新的蔬菜完美融合，发明了肉香与菜鲜并存的蔬香酥烤鸭，创意延续经典，味道也广受欢迎哦。

所谓**蔬香酥烤鸭**就是在烤制鸭子之前用多种蔬菜给鸭子洗个"蔬菜澡"，让肉更入味，更水嫩。便宜坊在烤制鸭子上一直坚持中和的原则，肉质是偏酸性的，而碱性的蔬菜则能将酸性减淡。蔬菜汁在进入肉质

蔬香酥烤鸭

后，无论是在营养还是口感上都可以得到提
升，并且蔬菜汁还可以去掉鸭子的腥气。在
烤制的时候，便宜坊一直延续焖炉烤法，鸭
子在整个过程中都好像在进行一场消耗油
脂的汗蒸运动，这样焖出的鸭肉口感更为清
淡。吃的时候再把黄瓜条、葱、豆芽、香椿
之类的蔬菜裹在饼里，一口咬下去，蔬香、肉
香、饼香，层出不穷，香香馋人，保准口齿留
香，二话不说再卷一个！

便宜坊在鲜鱼口小吃街恢复原貌后重
新回到这里，给人一种归根的感觉。因为你
在曾经的鲜鱼口小吃街里，可以见到众多老
字号品牌。如今虽然高楼林立，但老字号们
还是在做着大家熟悉的招牌菜，用延续多年
的较真劲儿烹饪出扎实的美味。相信无论时
间如何推移，有历史沉淀感的便宜坊在老百
姓心中的地位依旧不会变。

千层肉饼

虽然不是它们家的招牌菜，但凭借外皮酥脆、层多、下料猛这三点就足以让我欲罢不能。基本上每一层都能看见肉，而且肉质鲜嫩，不会有柴的口感。

老北京三样

由焦熘丸子、牛肉、麻豆腐组成的组合叫小三拼。便宜坊的焦熘丸子也真心赞！因为工艺已经传承多年，很固定，所以即便在放凉了之后也不会皮。焦脆如刚出锅一般。由于烤鸭需要烤制时间，所以在上大菜之前，可以先随便吃上一点赶跑饥肠辘辘，顺便开胃。

便宜坊烤鸭店

烤鸭

蔬香酥烤鸭 198 元
千层肉饼 38 元
老北京三样 58 元（小）108 元（大）

11:00—21:00

010—67132536

东城区前门鲜鱼口 65—77 号

免费停车

不变的是京味，扎实的是美味

尝京味儿

229

莫斯科的青春
大地西餐厅

249 P239 D-7

提到北京的俄罗斯餐馆时，大家第一个想起的是老莫（莫斯科西餐厅），已经很少有人知道大地才是北京在当代最老的俄式西餐厅了，它的开业时间比老莫要早。虽然现在已经开始被人们淡忘，但是对老一辈人来说，这里不仅可以品尝到正宗的俄罗斯美食，还可以还原他们逝去的青春。

红菜汤

罐焖牛肉

来到俄罗斯餐厅必点的两道菜就是**红菜汤和罐焖牛肉**。红菜汤看似平常，有点类似于中国的大杂烩，但只有经过长时间熬制才能吃到肉汁的香味。大地餐厅对这道经典的汤进行了小改良，味道偏酸，有助于消化。要想罐焖牛肉的品质好，就必须选用偏肥的牛肉，这样吃起来才不会有干柴的口感。味道规规矩矩，不会让你惊艳到跳脚，但是作为一道必点的招牌菜，它的一成不变就是最好的诠释。

230

奶油烤杂拌

大多数人都把**奶油烤杂拌**当成了俄罗斯传统味道的象征。而我在采访一位生活在莫斯科的俄餐厨师时，他却告诉我："在莫斯科根本没有这道菜，即使有也不是有名的菜，因为我根本没听说过！"奶油烤杂拌其实就是用一些边角料制作的。在物资紧张的过去，为了节约，中国厨师想了一个点子，就是将切剩下的红肠等材料用奶油焗烤，故得名"烤杂拌"。我们认定它是俄罗斯的名菜，但其实莫斯科人却根本没有听说过，就好像扬州根本没有扬州炒饭一样，即使是这样的乌龙事件，经过时间的沉淀，这道菜也伴随着一代人成长起来，拥有了岁月的味道。

在做火腿沙拉时，美乃滋一点点勾勒出复古的网状，均匀覆盖在沙拉之上。就算你在吃的时候一勺下去，所有的功夫都会付之东流，这种细节一定要坚持。

大地餐厅的整体装潢风格多年保持不变，岁月斑驳的痕迹留下了，可仍能见到精致的地方。现在来这里用餐的，大多是年轻人带着爸爸妈妈一起，对于老一辈人来讲，俄式西餐就像一把扭转时空的钥匙，可以开启他们年少时的热情。这就好像在基辅罗斯餐厅里经常能看到很多上了年纪的人和乌克兰演员们一起举杯欢唱一样，歌声里承载了太多他们的记忆。

🏠 大地西餐厅
✳ 俄式西餐
★ 红菜汤 16 元
　 罐焖牛肉 55 元
　 奶油烤杂拌 45 元
🕚 11:00—21:00
📞 010—66020738
🏠 西城区西四南大街 44 号（缸瓦市教堂斜对面）
🅿 免费停车
🍴 听爸妈讲那过去的故事

当京味儿

中正灌顶 小辣怡情

曲园酒楼

250 P250 Q–3

湖南人虽然嗜辣,但是辣中带酸,能在菜品中感受到浓郁的山野风味,这才是湘菜最原本的味道。作为北京经营湖南菜最早的老字号,曲园酒楼既完整地保留了湘菜的精髓,又根据南北口味进行了调和,所以味道不会特别刺激,就连毛主席在品尝后,都夸赞是地道的家乡风味。

想成为曲园酒家的限量版招牌菜可没那么简单。这道**酸辣肚尖**从选料、调汁到做法都十分考究。为了保证口感脆爽,只选用猪肚最嫩的部分,大概三个猪肚才能出一盘。而且肚尖上面的花刀都只切到三分之二的位置上。想要在很滑的内脏上切出不断又均匀的花刀,没有多年的红案经验可不行。

在炒制的时候火候的掌控也决定着这道菜的成败,火大就会嚼不动,火小就会吃到既生涩又血腥的气味。在锅烧到八成热的时候将原料进锅爆炒,出锅时间以分秒计算。看似简单的过程,但肚尖的色香味都要经过严格的把控。菜上面浇的红汁是用泡菜汁加上湖南的米醋与辣椒酱调配而成的,经过勾芡后酸度适中,保你在"咔嚓咔嚓"的咀嚼声中咸酸满口。

酸辣肚尖

东安子鸡

东安子鸡辣味柔和轻量，酸味首当其冲，细细品味还能感受到微微的麻。酸、辣、咸、鲜四种味道与精选的鸡腿肉搭配在一起，越吃越有嚼劲儿，根本停不下来！

剁椒鱼头

剁椒鱼头用茶油为鱼头提鲜，拥有不饱和脂肪酸的茶油对身体有很多好处。剁椒和豆豉均来自湖南，这道菜仅原料就有十几种，在鲜嫩的鱼肉中，泡椒的酸味与剁椒的咸辣交叠出现，简直滋味丰富到爆。无辣不欢的人可能会对这道菜的辣度产生质疑，奇怪为什么味道没有想象中的辣，但只需一口下肚，就能品尝到鱼头的鲜嫩与用料的精良。鱼头下面还有晶莹筋道的苕粉垫底，宽粉吸饱汤汁和茶油，爽滑又进味儿，比鱼肉还好吃。

我总认为，年轻人的意见不能作为评判一家餐厅好坏的唯一标准。因为老年人一般不爱下馆子，只有征服了他们的味蕾，让他们认为这就是最合我口味的菜品，他才会叫上家人、朋友一起去用餐。所以当你走进一家餐厅，发现在座的有很多老年人时，你就会明白，这就是这家店历久弥新又包容大气的佐证，好味道永远不能被人遗忘。

🍱 曲园酒楼
✳ 湘菜
⭐ 酸辣肚尖 118 元
　 东安子鸡 42 元
　 剁椒鱼头 118 元
🕐 午餐 11:00—14:00 晚餐 17:00—21:30
📞 010—68318502
🏠 西城区展览馆路 48 号（近阜外大街）
🅿 免费停车
❤ 酸爽鲜辣一相逢，便胜却人间无数

尝京味儿

宫保鸡丁王中王
华天峨嵋酒家

249 P240 H-2

　　味道先甜、后微酸、略有椒香、咸鲜中还稍带点儿麻的宫保鸡丁，不仅能与各种主食任意搭配，在五种味道轮番上阵刺激味蕾后，还能让你多吃一碗饭，当真老少咸宜。虽然基本上在每家餐厅的菜单中都能见到宫保鸡丁的身影，但对于厨师来讲，越是家常的味道越难出彩。如果你想吃到正宗的宫保鸡丁，就必须来京城川菜老字号——峨嵋酒家尝上一尝。

　　这里的宫保鸡丁几乎桌桌必点，分为普通、家常、精品三个等级。**精品宫保鸡丁**每日限量五份，由国家级厨师毛春和大师亲自掌勺。按理来说厨师长一般只负责培训，但毛师傅每日坚持为顾客炒制宫保鸡丁，为的就是能够将经典的味道延续下去。这也是峨嵋酒家拥有众多"老一辈粉丝"的原因。

　　想被峨嵋酒家挑选制成精品宫保鸡丁的鸡肉，可是需要经过严格的海选。选用定点单位具有一定年龄的成年鸡，为保证口感佳，只取其腿部的部分，腿肉是动肉，弹性好，入口更有存在感，不像鸡胸脯那块静肉，炒得再好都觉得死气沉沉。鸡肉的切制也颇为讲究，几乎盘中每块肉的大小都相似。在配料方面，菜中所用的辣椒、花椒、麻椒均来自四川本地，大葱也只选章丘大葱中最嫩最甜的葱心部分。整道菜中最大的秘密当属调味碗汁，配方和比例只有毛师傅一人知道，所以每天他都会将自己关在"密室"中配置，再送到各个门店，保证每家店的鸡丁口味稳定。我见过毛大厨的专用炒锅，为了便于食材快速受热成熟，铁锅质地非常轻薄，它年复一年被热油浸润，颜色黝黑发亮，感觉一拧就会拧出油来，它绝对见证了经典的传承。

精品宫保鸡丁的售价为138元，虽然价格偏高，但当你吃到绝佳的食材，感受到精湛的厨艺，品味到讲究的配料后，你就不太会计较这区区138元了，这也是吸引众多食客蜂拥而至的原因。

精品宫保鸡丁

当京味儿

峨嵋酒家虽然是一家老字号，但是追求时尚的心却不老。在外卖窗口可以买到它家两道创意菜，那就是用自创的宫保鸡丁和鱼香肉丝改刀后做成馅的包子，如此物美价廉的包子让你花几元钱就能吃到美味，而且在掰开包子看到馅料时还能感受到惊喜。

我曾向经理提出拍摄包子出炉的一个画面，经理很爽快地答应并带我来到后厨，未经过任何掩盖与打扫的后厨窗明几净，国有大店之风在细节中淋漓尽致地展现。也许这里虽然装修风格多年未变，菜品也不见得有什么推陈出新，但却以这种以不变应万变，让你吃到放心的态度，一代代地传承着经典的口味。

鱼香肉丝包子

宫保鸡丁包子

华天峨嵋酒家

川菜

精品宫保鸡丁 138 元
宫保鸡丁包子 4 元
鱼香肉丝包子 4 元

11:00—21:30

010—66170532

西城区德胜门内大街 262 号（厂桥路口北）

路边停车

玩创意与经典包容

爱江山
地址：海淀区正福寺 2 号板井路网球场内
电话：010—52721020

A
P84

埃蒙小镇
地址：东城区雍和宫方家胡同 46 号 G 座 (近国子监)
电话：010—64001725

A
P202

必品阁
地址：东城区东长安街 1 号东方广场东方新天地铁层食通天大街 FF03 号
电话：010—85184951

B
P22

百里香 Thyme ONE 食尚餐厅
地址：朝阳区广渠门外大街甲 31 号合生国际 24 号楼 109 号 (双井麦乐迪西侧)
电话：010—87721883

B
P56

八条一号餐厅
地址：西城区西四北八条 1 号 (平安里路口)
电话：010—66166292

B
P208

便宜坊烤鸭店
地址：东城区前门鲜鱼口 65—77 号
电话：010—67132536

B
P227

爆肚金生隆
地址：西城区德外安德路六铺炕 1 区 6 号楼南侧
电话：010—65279051

B
P152

痴心不改
地址：朝阳区慧忠路安慧里一区 4—3 号 (近北苑路)
电话：010—64937666

C
P145

CCSweets 创意蛋糕
地址：朝阳区新城国际 11 号楼 109 号底商
电话：010—65336973

C P186

Cafe De SOFA
地址：西城区银锭桥胡同 12 号
电话：010—62032905

C P192

Café Flatwhite
地址：朝阳区酒仙桥路 4 号 798 艺术区 75ID—Park 时尚设计广场 A9—T 座
电话：010—84599678

C P181

吃面 Noodle In
地址：东城区鼓楼东大街 81 号 (小经厂胡同口内 15 米)
电话：010—84023180

C P204

东方君悦大酒店长安壹号
地址：东城区东长安街甲 1 号东方君悦大酒店 1 楼
电话：010—65109608

D P111

鼎泰丰
地址：朝阳区建国路 87 号新光天地 6 楼 D6001 号 (西大望路口)
电话：010—65331536

D P20

度小月
地址：朝阳区朝外大街东大桥 9 号芳草地北巷侨福芳草地大厦 B2 楼
电话：010—85631105

D P28

渡金湖
地址：朝阳区太古里北区 N4—36/37
电话：010—64179090

D P58

东方餐厅

地址：朝阳区建国门外大街 1 号国贸饭店内
电话：010—65052277—34

D
P69

大董

地址：朝阳区团结湖北口三号楼北京大董烤鸭店
电话：010—65824003

D
P114

大地西餐厅

地址：西城区西四南大街 44 号 (缸瓦市教堂斜对面)
电话：010—66020738

D
P230

饭前饭后

地址：东城区东四十条 22 号南新仓文化休闲街内 (近东门仓胡同)
电话：010—64096978

F
P87

Flamme

地址：朝阳区三里屯路19号院三里屯太古里南区4号楼3楼S4—33号(三里屯酒吧街西侧)
电话：010—64178608

F
P188

哥们儿 de 小馆儿

地址：海淀区中关村南四街 13 号紫金数码园 4—104 号 (近知春路)
电话：010—62662656

G
P30

官也街澳门火锅

地址：东城区东直门内大街 9 号 NAGA 上院公寓一层
电话：010—84078842

G
P80

桂公府凤凰阁鸭王

地址：东城区朝内南小街芳嘉园胡同 11 号
电话：010—85112223

G
P211

黄太吉特色风味卷饼

地址: 朝阳区东三环中路 39 号建外 SOHO 西区 12 号楼 1 楼

电话: 010—58699887

H P24

华天峨嵋酒家

地址: 西城区德胜门内大街 262 号 (厂桥路口北)

电话: 010—66170532

H P234

红馆面档

地址: 朝阳区建国门外大街 1 号国贸商城三期 4 楼 (近光华路)

电话: 010—65052299

H P26

泓泰阳

地址: 朝阳区三间房南里 4 号院 (1919 小剧场对面)

电话: 010—65715556

H P90

寒舍羲和

地址: 朝阳区东大桥路 9 号侨福芳草地 1 楼 C 座

电话: 010—85188811

H P102

花家地甲 7 号

地址: 朝阳区阜通东大街 (宜家家居对面)

电话: 010—64740366

H P149

胡同四十四号厨房

地址: 西城区德胜门内大街 70 号 (近宋庆龄故居)

电话: 010—64001280

H P199

京兆尹

地址: 东城区五道营胡同 2 号 (雍和宫桥南 150 米路西)

电话: 010— 84049191

J P108

菊儿人家
地址：东城区南锣鼓巷小菊儿胡同 63 号 (近南锣鼓巷北口)
电话：010—64008117

J
P220

贾大爷卤煮
地址：东城区大栅栏西街 40 号
电话：无

J
P222

昆仑饭店岩花园走廊
地址：朝阳区新源南路 2 号昆仑饭店 1/2 层
电话：010—65903388—6714

K
P194

La Docle Vita 甜蜜生活
地址：朝阳区新源西里中街 8 号 (近左家庄高架桥)
电话：010—64682894

L
P60

Let't Burger plus
地址：朝阳区朝阳公园路 6 号蓝色港湾国际商区 11 号楼 L—RS—20 号 (近时代传奇影院)
电话：010—59056055

L
P41

老坑记
地址：朝阳区工体北路 66 号瑞士公寓底商 115 单元 1 楼 (港澳中心东侧)
电话：010—65521878

L
P46

懒人业余餐厅
地址：朝阳区崔各庄乡何各庄村一号地艺术园 D 区
电话：010—64321966

L
P82

兰庭厉家菜
地址：顺义区天竺镇裕祥路 99 号欧陆广场 3 楼 301 号
电话：010—80461748

L
P118

H
/
L

老街兔盐帮菜
地址: 东城区东直门外新中街甲 1 号 (东方银座东侧)
电话: 010—64172399

L
P132

螺师傅　柳州螺蛳粉
地址: 朝阳区朝阳门外大街 26 号朝外 MEN 雅宝商城底商 (昆泰大厦对面)
电话: 010—85653818

L
P140

兰特伯爵
地址: 丰台区方庄蒲方路甲 2 号家乐福对面
电话: 010—67682664
L
P156

Life List
地址: 东城区鼓楼东大街大经厂西巷 14 号 (南锣鼓巷北口)
电话: 010—84028460
L
P206

卖汤 MY SOUP
地址: 朝阳区朝阳门外大街 6 号新城国际公寓 3 号楼
电话: 010—65970552
M
P36

木屋烧烤
地址: 朝阳区金蝉西路甲 1 号酷车小镇 (近欢乐谷)
电话: 010—67497577
M
P129

漫咖啡
地址: 朝阳区将台西路 9—7 号 (近珀丽酒店)
电话: 010—84573470
M
P184

MS Bonbon Café
地址: 朝阳区三里屯路 11 号三里屯太古里北区 B1 楼 NLG—326 号
电话: 010—64153955
M
P190

泥庐餐厅
地址: 东城区国子监街 40 号院内 (近国子监街)
电话: 010—64018779

N P218

One pot by ssam
地址: 朝阳区工体北路 8 号三里屯SOHO 2号楼B1—238 室
电话: 010—59359475

O P44

齐鲁人家
地址: 朝阳区安定门外大街安华里 2 区 5 号楼底商 (近中国木偶剧院)
电话: 010—64262288

Q P158

情忆草原涮肉馆
地址: 东城区光明路甲 1 号北空司令部东配楼 (近龙潭东路)
电话: 010—85627589

Q P161

曲园酒楼
地址: 西城区展览馆路 48 号 (近阜外大街)
电话: 010—68318502

Q P232

然食堂
地址: 朝阳区通惠河北路郎园 vintage 郎家园 6 号南门
电话: 010—85801055

R P32

L / S

Rocking Horse 骎·轻食
地址: 朝阳区新源街 45—1 号 (京城大厦向北 100 米)
电话: 010—53639919

R P64

时尚廊
地址: 朝阳区光华路 9 号时尚大厦 2 楼 L214 号
电话: 010—65871998

S P34

烧肉人

地址: 西城区旧鼓楼大街 138 号 (近汤公胡同)

电话: 010—64037626

S
P48

三摩地

地址: 朝阳区新源南路 16 号世方豪庭 2 楼

电话: 010—84531644

S
P76

神烤

地址: 朝阳区工体西路 9 号 (光彩国际公寓对面)

电话: 010—65526392

S
P164

苏泰辣椒

地址: 朝阳区麦子店西街三全公寓一层

电话: 010—65077326

S
P138

The Rug

地址: 朝阳区朝阳公园南路丽水嘉园 4 号楼 1 楼 (朝阳公园南门对面)

电话: 010—85502722

T
P17

味爱普思牛排馆

地址: 朝阳区将台西路 9—8 号 CJ Food World 2 楼 (近珀丽酒店)

电话: 010—84571997

W
P176

五代羊倌

地址: 海淀区苏州街 29 号院权品院内 (八一中学北)

电话: 010—62657166

W
P94

鸟巢比萨主题餐厅

地址: 朝阳区工体北路 4 号院机电研究院内

电话: 010—85236655

W
P78

夏宫
地址：朝阳区建国门外大街 1 号中国大饭店 1 楼
电话：010—65055838

X
P105

 新荣记
地址：西城区金融大街 11 号洲际酒店 B1 楼
电话：010—66180567

X
P99

 小辣椒重庆老火锅
地址：东城区东直门内大街 266 号 (近北新桥路口)
电话：18810222702

X
P142

 湘肠香火锅店
地址：朝阳区姚家园路团结湖东里甲 3—1 号 (妇幼保健医院街对面西侧)
电话：010—85966628

X
P136

 易舍鲁菜餐厅
地址：朝阳区新源南路 2 号昆仑饭店一层
电话：010—65903388—5673

Y
P121

 一麻一辣麻辣香锅
地址：朝阳区朝阳北路 101 号朝阳大悦城 6 楼 F15 号铺
电话：010—85520001

Y
P134

 一家一饭堂
地址：朝阳区亮马桥路甲 46 号亚星大厦 1 楼
电话：010—64624036

Y
P74

一轩饺子馆
地址：朝阳区将台路 6 号丽都维景饭店乡村俱乐部 101 室
电话：010—64321288

Y
P72

燕兰楼
地址: 朝阳区朝阳门外大街 12 号
电话: 010—65991668

Y P168

悦食悦香
地址: 朝阳区建国门外大街 2 号银泰中心 B1 楼
电话: 010—85671568

Y P51

义气烤肉餐吧
地址: 朝阳区工体东路 2 号中国红街大厦 3 号楼 1 楼 111 室 (工体东门斜对面)
电话: 15210064588

Y P54

一坐一忘丽江主题餐厅
地址: 朝阳区三里屯北小街 1 号
电话: 010—84540086

Y P62

悦宾饭馆
地址: 东城区翠花胡同 43 号 (中国美术馆正门对面)
电话: 010—85117853

Y P216

直隶会馆
地址: 海淀区中关村北大街 127 号 (北大科技园旁)
电话: 010—82667777

Z P172

芝士青年
地址: 东城区鼓楼东大街 141 号二层 (南锣鼓巷北口西 50 米)
电话: 010—64017164

Z P196

张记涮肉
地址: 西城区煤市街 95 号
电话: 13391721964

Z P214

埃蒙小镇

地址：东城区雍和宫方家胡同 46 号 G 座（近国子监）

电话：010—64001725

东
P202

必品阁

地址：东城区东长安街 1 号东方广场东方新天地地铁层食通天大街 FF03 号

电话：010—85184951

东
P22

便宜坊烤鸭店

地址：东城区前门鲜鱼口 65—77 号

电话：010—67132536

东
P227

东方君悦大酒店长安壹号

地址：东城区东长安街甲 1 号东方君悦大酒店 1 楼

电话：010—65109608

东
P111

饭前饭后

地址：东城区东四十条 22 号南新仓文化休闲街内（近东门仓胡同）

电话：010—64096978

东
P87

官也街澳门火锅

地址：东城区东直门内大街 9 号 NAGA 上院公寓一层

电话：010—84078842

东
P80

桂公府凤凰阁鸭王

地址：东城区朝内南小街芳嘉园胡同 11 号

电话：010—85112223

东
P211

京兆尹

地址：东城区五道营胡同 2 号（雍和宫桥南 150 米路西）

电话：010—84049191

东
P108

菊儿人家
地址: 东城区南锣鼓巷小菊儿胡同 63 号 (近南锣鼓巷北口)
电话: 010—64008117
 东 P220

 贾大爷卤煮
地址: 东城区大栅栏西街 40 号
电话: 无
 东 P222

 老街兔盐帮菜
地址: 东城区东直门外新中街甲 1 号 (东方银座东侧)
电话: 010—64172399
 东 P132

 Life List
地址: 东城区鼓楼东大街大经厂西巷 14 号 (南锣鼓巷北口)
电话: 010—84028460
 东 P206

 泥庐餐厅
地址: 东城区国子监街 40 号院内 (近国子监街)
电话: 010—64018779
东 P218

 情忆草原涮肉馆
地址: 东城区光明路甲 1 号北空司令部东配楼 (近龙潭东路)
电话: 010—85627589
 东 P161

 小辣椒重庆老火锅
地址: 东城区东直门内大街 266 号 (近北新桥路口)
电话: 18810222702
东 P142

 悦宾饭馆
地址: 东城区翠花胡同 43 号 (中国美术馆正门对面)
电话: 010—85117853
东 P216

芝士青年

地址: 东城区鼓楼东大街 141 号二层 (南锣鼓巷北口西 50 米)
电话: 010—64017164

东 P196

吃面 Noodle In

地址: 东城区鼓楼东大街 81 号 (小经厂胡同口内 15 米)
电话: 010—84023180

东 P204

八条一号餐厅

地址: 西城区西四北八条 1 号 (平安里路口)
电话: 010—66166292

西 P208

大地西餐厅

地址: 西城区西四南大街 44 号 (缸瓦市教堂斜对面)
电话: 010—66020738

西 P230

华天峨嵋酒家

地址: 西城区德胜门内大街 262 号 (厂桥路口北)
电话: 010—66170532

西 P234

张记涮肉

地址: 西城区煤市街 95 号
电话: 13391721964

西 P214

胡同四十四号厨房

地址: 西城区德胜门内大街 70 号 (近宋庆龄故居)
电话: 010—64001280

西 P199

爆肚金生隆

地址: 西城区德外安德路六铺炕 1 区 6 号楼南侧
电话: 010—65279051

西 P152

曲园酒楼
地址: 西城区展览馆路 48 号 (近阜外大街)
电话: 010—68318502
 西 P232

 烧肉人
地址: 西城区旧鼓楼大街 138 号 (近汤公胡同)
电话: 010—64037626
 西 P48

 Cafe De SOFA
地址: 西城区银锭桥胡同 12 号
电话: 010—62032905
 西 P192

 新荣记
地址: 西城区金融大街 11 号洲际酒店 B1 楼
电话: 010—66180567
 西 P99

 百里香 Thyme ONE 食尚餐厅
地址: 朝阳区广渠门外大街甲 31 号合生国际 24 号楼 109 号 (双井麦乐迪西侧)
电话: 010—87721883
朝 P56

 痴心不改
地址: 朝阳区慧忠路安慧里一区 4—3 号 (近北苑路)
电话: 010—64937666
 朝 P145

 CCSweets 创意蛋糕
地址: 朝阳区新城国际 11 号楼 109 号底商
电话: 010—65336973
 朝 P186

 鼎泰丰
地址: 朝阳区建国路 87 号新光天地 6 楼 D6001 号 (西大望路口)
电话: 010—65331536
 朝 P20

度小月
地址：朝阳区朝外大街东大桥 9 号芳草地北巷侨福芳草地大厦 B2 楼
电话：010—85631105

朝
P28

渡金湖
地址：朝阳区太古里北区 N4—36/37
电话：010—64179090

朝
P58

东方餐厅
地址：朝阳区建国门外大街 1 号国贸饭店内
电话：010—65052277—34

朝
P69

大董
地址：朝阳区团结湖北口三号楼北京大董烤鸭店
电话：010—65824003

朝
P114

Café Flatwhite
地址：朝阳区酒仙桥路 4 号 798 艺术区 75ID—Park 时尚设计广场 A9—T 座
电话：010—84599678

朝
P181

Flamme
地址：朝阳区三里屯路19号院三里屯太古里南区4号楼3楼S4—33号(三里屯酒吧街西侧)
电话：010—64178608

朝
P188

黄太吉特色风味卷饼
地址：朝阳区东三环中路 39 号建外 SOHO 西区 12 号楼 1 楼
电话：010—58699887

朝
P24

红馆面档
地址：朝阳区建国门外大街 1 号国贸商城三期 4 楼（近光华路）
电话：010—65052299

朝
P26

西城区

朝阳区

泓泰阳
地址：朝阳区三间房南里 4 号院 (1919 小剧场对面)
电话：010—65715556

朝
P90

寒舍羲和
地址：朝阳区东大桥路 9 号侨福芳草地 1 楼 C 座
电话：010—85188811

朝
P102

花家地甲 7 号
地址：朝阳区阜通东大街 (宜家家居对面)
电话：010—64740366

朝
P149

Let't Burger plus
地址：朝阳区朝阳公园路6号蓝色港湾国际商区11号楼L—RS—20 号(近时代传奇影院)
电话：010—59056055

朝
P41

老坑记
地址：朝阳区工体北路 66 号瑞士公寓底商 115 单元 1 楼 (港澳中心东侧)
电话：010—65521878

朝
P46

懒人业余餐厅
地址：朝阳区崔各庄乡何各庄村一号地艺术园 D 区
电话：010—64321966

朝
P82

螺师傅　柳州螺蛳粉
地址：朝阳区朝阳门外大街 26 号朝外 MEN 雅宝商城底商 (昆泰大厦对面)
电话：010—85653818

朝
P140

卖汤 MY SOUP
地址：朝阳区朝阳门外大街 6 号新城国际公寓 3 号楼
电话：010—65970552

朝
P36

木屋烧烤
地址: 朝阳区金蝉西路甲 1 号酷车小镇 (近欢乐谷)
电话: 010—67497577

 朝 P129

 漫咖啡
地址: 朝阳区将台西路 9—7 号 (近珀丽酒店)
电话: 010—84573470

 朝 P184

 MS Bonbon Café
地址: 朝阳区三里屯路 11 号三里屯太古里北区 B1 楼 NLG—326 号
电话: 010—64153955

朝 P190

 One pot by ssam
地址: 朝阳区工体北路 8 号三里屯SOHO 2号楼B1—238 室
电话: 010—59359475

 朝 P44

 齐鲁人家
地址: 朝阳区安定门外大街安华里 2 区 5 号楼底商 (近中国木偶剧院)
电话: 010—64262288

 朝 P158

 然食堂
地址: 朝阳区通惠河北路郎园 vintage 郎家园 6 号南门
电话: 010—85801055

 朝 P32

 Rocking Horse 骆·轻食
地址: 朝阳区新源街 45—1 号 (京城大厦向北 100 米)
电话: 010—53639919

 朝 P64

 时尚廊
地址: 朝阳区光华路 9 号时尚大厦 2 楼 L214 号
电话: 010—65871998

 朝 P34

朝阳区

三摩地
地址: 朝阳区新源南路 16 号世方豪庭 2 楼
电话: 010—84531644
 朝 P76

 神烤
地址: 朝阳区工体西路 9 号 (光彩国际公寓对面)
电话: 010—65526392
 朝 P164

 The Rug
地址: 朝阳区朝阳公园南路丽水嘉园 4 号楼 1 楼 (朝阳公园南门对面)
电话: 010—85502722
 朝 P17

 La Docle Vita 甜蜜生活
地址: 朝阳区新源西里中街 8 号 (近左家庄高架桥)
电话: 010—64682894
 朝 P60

 苏泰辣椒
地址: 朝阳区麦子店西街三全公寓一层
电话: 010—65077326
 朝 P138

 味爱普思牛排馆
地址: 朝阳区将台西路 9—8 号 CJ Food World 2 楼 (近珀丽酒店)
电话: 010—84571997
 朝 P176

 乌巢比萨主题餐厅
地址: 朝阳区工体北路 4 号院机电研究院内
电话: 010—85236655
 朝 P78

 夏宫
地址: 朝阳区建国门外大街 1 号中国大饭店 1 楼
电话: 010—65055838
 朝 P105

湘肠香火锅店
地址: 朝阳区姚家园路团结湖东里甲 3—1 号 (妇幼保健医院街对面西侧)
电话: 010—85966628

朝
P136

悦食悦香
地址: 朝阳区建国门外大街 2 号银泰中心 B1 楼
电话: 010—85671568

朝
P51

义气烤肉餐吧
地址: 朝阳区工体东路 2 号中国红街大厦 3 号楼 1 楼 111 室 (工体东门斜对面)
电话: 15210064588

朝
P54

一坐一忘丽江主题餐厅
地址: 朝阳区三里屯北小街 1 号
电话: 010—84540086

朝
P62

一家一饭堂
地址: 朝阳区亮马桥路甲 46 号亚星大厦 1 楼
电话: 010—64624036

朝
P74

一轩饺子馆
地址: 朝阳区将台路 6 号丽都维景饭店乡村俱乐部 101 室
电话: 010—64321288

朝
P72

易舍鲁菜餐厅
地址: 朝阳区新源南路 2 号昆仑饭店一层
电话: 010—65903388—5673

朝
P121

一麻一辣麻辣香锅
地址: 朝阳区朝阳北路 101 号朝阳大悦城 6 楼 F15 号铺
电话: 010—85520001

朝
P134

朝阳区

燕兰楼

地址：朝阳区朝阳门外大街 12 号
电话：010—65991668

朝
P168

昆仑饭店岩花园走廊

地址：朝阳区 新源南路 2 号昆仑饭店 1/2 层
电话：010—65903388—6714

朝
P194

爱江山

地址：海淀区正福寺 2 号板井路网球场内
电话：010—52721020

海
P84

哥们儿 de 小馆儿

地址：海淀区中关村南四街 13 号紫金数码园 4—104 号（近知春路）
电话：010—62662656

海
P30

五代羊倌

地址：海淀区苏州街 29 号院权品院内（八一中学北）
电话：010—62657166

海
P94

直隶会馆

地址：海淀区中关村北大街 127 号（北大科技园旁）
电话：010—82667777

海
P172

兰特伯爵

地址：丰台区方庄蒲方路甲 2 号（家乐福对面）
电话：010—67682664

丰
P156

兰庭厉家菜

地址：顺义区天竺镇裕祥路 99 号欧陆广场 3 楼 301 号
电话：010—80461748

顺
P118

朝阳区

海淀区

丰台区

顺义区

餓 EAT IT

吃辣　一人吃饭

食肉　二人约会

品甜品　三人聚餐

尝京味儿　几人请客

The Rug

凡来店消费凭本券可免费获赠
价值 38 元的 The Rug 自制薯片一份

 地址：朝阳区朝阳公园南路丽水嘉园 4 号楼 1 楼
（朝阳公园南门对面）
电话：010—85502722

鼎泰丰

凡来店消费凭本券可享受全单 9 折优惠（除酒水）

 地址：朝阳区建国路 87 号新光天地 6 楼 D6001 号
（西大望路口）
电话：010—65331536

必品阁

凡来店消费凭本券可免费获赠
价值 55 元的 Bibigo 沙拉一份（不可打包）
* 本活动限国贸店、丽都店、颐堤港店使用

 地址：东城区东长安街 1 号
东方广场东方新天地地铁层食通天大街 FF03 号
电话：010—85184951

黄太吉特色风味卷饼

凡来店消费凭本券可免费获赠
价值 12 元的标准双蛋煎饼一份

 地址：朝阳区东三环中路 39 号建外 SOHO 西区 12 号楼 1 楼
电话：010—58699887

使用说明

* 本券有效期自出书之日起至 2015 年 4 月 30 日，过期无效
* 本券只限于在店内消费时使用
* 本券仅限使用一次，限一桌就餐，享受优惠的同时本券将被收回
* 本券不可与店内任何优惠促销活动同享
* 本券不得兑换现金，不设找零
* 如无备注，各连锁店通用本券

如有未尽事宜请咨询店内服务人员

使用说明

* 本券有效期自出书之日起至 2015 年 4 月 30 日，过期无效
* 本券只限于在店内消费时使用
* 本券仅限使用一次，限一桌就餐，享受优惠的同时本券将被收回
* 本券不可与店内任何优惠促销活动同享
* 本券不得兑换现金，不设找零
* 如无备注，各连锁店通用本券

如有未尽事宜请咨询店内服务人员

使用说明

* 本券有效期自出书之日起至 2015 年 4 月 30 日，过期无效
* 本券只限于在店内消费时使用
* 本券仅限使用一次，限一桌就餐，享受优惠的同时本券将被收回
* 本券不可与店内任何优惠促销活动同享
* 本券不得兑换现金，不设找零
* 如无备注，各连锁店通用本券

如有未尽事宜请咨询店内服务人员

使用说明

* 本券有效期自出书之日起至 2015 年 4 月 30 日，过期无效
* 本券只限于在店内消费时使用
* 本券仅限使用一次，限一桌就餐，享受优惠的同时本券将被收回
* 本券不可与店内任何优惠促销活动同享
* 本券不得兑换现金，不设找零
* 如无备注，各连锁店通用本券

如有未尽事宜请咨询店内服务人员

一人吃饭

时尚廊

凡来店消费凭本券可享受全单 8 折优惠

地址：朝阳区光华路 9 号时尚大厦 2 楼 L214 号
电话：010—65871998

一人吃饭

度小月

凡来店消费凭本券可免费获赠度小月话匣子一份

地址：朝阳区朝外大街东大桥 9 号芳草地北巷侨福芳草地大厦 B2 楼
电话：010—85631105

一人吃饭

卖汤 MY SOUP

凡来店消费满 100 元（含）以上，
凭本券可免费获赠招牌菜品一份
* 菜品以店内当日实际提供为准

地址：朝阳区朝阳门外大街 6 号新城国际公寓 3 号楼
电话：010—65970552

一人吃饭

然食堂

凡来店消费凭本券可免费获赠
柠檬苏打鸡尾酒一杯

地址：朝阳区通惠河北路郎园 vintage 郎家园 6 号南门
电话：010—85801055

使用说明

* 本券有效期自出书之日起至 2015 年 4 月 30 日，过期无效
* 本券只限于在店内消费时使用
* 本券仅限使用一次，限一桌就餐，享受优惠的同时本券将被收回
* 本券不可与店内任何优惠促销活动同享
* 本券不得兑换现金，不设找零
* 如无备注，各连锁店通用本券

如有未尽事宜请咨询店内服务人员

一人吃饭

使用说明

* 本券有效期自出书之日起至 2015 年 4 月 30 日，过期无效
* 本券只限于在店内消费时使用
* 本券仅限使用一次，限一桌就餐，享受优惠的同时本券将被收回
* 本券不可与店内任何优惠促销活动同享
* 本券不得兑换现金，不设找零
* 如无备注，各连锁店通用本券

如有未尽事宜请咨询店内服务人员

一人吃饭

使用说明

* 本券有效期自出书之日起至 2015 年 4 月 30 日，过期无效
* 本券只限于在店内消费时使用
* 本券仅限使用一次，限一桌就餐，享受优惠的同时本券将被收回
* 本券不可与店内任何优惠促销活动同享
* 本券不得兑换现金，不设找零
* 如无备注，各连锁店通用本券

如有未尽事宜请咨询店内服务人员

一人吃饭

使用说明

* 本券有效期自出书之日起至 2015 年 4 月 30 日，过期无效
* 本券只限于在店内消费时使用
* 本券仅限使用一次，限一桌就餐，享受优惠的同时本券将被收回
* 本券不可与店内任何优惠促销活动同享
* 本券不得兑换现金，不设找零
* 如无备注，各连锁店通用本券

如有未尽事宜请咨询店内服务人员

一人吃饭

一人吃饭

哥们儿 de 小馆儿

凡来店消费满 150 元（含）以上，
凭本券可免费获赠价值 48 元的招牌菜品一份
* 菜品以店内当日实际提供为准

地址：海淀区中关村南四街 13 号紫金数码园 4—104 号
（近知春路）
电话：010—62662656

二人约会

Let's Burger plus

凡来店消费凭本券可免费获赠
菜单上任何一款薯条类菜品
* 本活动限北京及成都的 Let's Burger 、
Let's Burger Plus 使用

地址：朝阳区朝阳公园路 6 号蓝色港湾国际商区 11 号楼
L—RS—20 号（近时代传奇影院）
电话：010—59056055

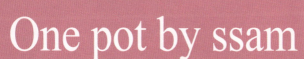

二人约会

One pot by ssam

凡来店消费凭本券可享受全单 9 折优惠

地址：朝阳区工体北路 8 号三里屯 SOHO 2 号楼 B1—238 室
电话：010—59359475

二人约会

老坑记

凡来店消费满 200 元（含）以上，
凭本券可免费获赠甜品拼盘一份
* 甜品以店内当日实际提供为准

地址：朝阳区工体北路 66 号瑞士公寓底商 115 单元 1 楼
（港澳中心东侧）
电话：010—65521878

使用说明

* 本券有效期自出书之日起至 2015 年 4 月 30 日，过期无效
* 本券只限于在店内消费时使用
* 本券仅限使用一次，限一桌就餐，享受优惠的同时本券将被收回
* 本券不可与店内任何优惠促销活动同享
* 本券不得兑换现金，不设找零
* 如无备注，各连锁店通用本券

如有未尽事宜请咨询店内服务人员

一人吃饭

使用说明

* 本券有效期自出书之日起至 2015 年 4 月 30 日，过期无效
* 本券只限于在店内消费时使用
* 本券仅限使用一次，限一桌就餐，享受优惠的同时本券将被收回
* 本券不可与店内任何优惠促销活动同享
* 本券不得兑换现金，不设找零
* 如无备注，各连锁店通用本券

如有未尽事宜请咨询店内服务人员

二人约会

使用说明

* 本券有效期自出书之日起至 2015 年 4 月 30 日，过期无效
* 本券只限于在店内消费时使用
* 本券仅限使用一次，限一桌就餐，享受优惠的同时本券将被收回
* 本券不可与店内任何优惠促销活动同享
* 本券不得兑换现金，不设找零
* 如无备注，各连锁店通用本券

如有未尽事宜请咨询店内服务人员

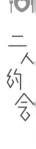

二人约会

使用说明

* 本券有效期自出书之日起至 2015 年 4 月 30 日，过期无效
* 本券只限于在店内消费时使用
* 本券仅限使用一次，限一桌就餐，享受优惠的同时本券将被收回
* 本券不可与店内任何优惠促销活动同享
* 本券不得兑换现金，不设找零
* 如无备注，各连锁店通用本券

如有未尽事宜请咨询店内服务人员

二人约会

烧肉人

凡来店消费凭本券可享受
全单 8.8 折优惠（除酒水）

地址：西城区旧鼓楼大街 138 号（近汤公胡同）
电话：010—64037626

悦食悦香

凡来店消费凭本券可享受
全单 8.8 折优惠（仅限晚餐）

地址：朝阳区建国门外大街 2 号银泰中心 B1 楼
电话：010—85671568

义气烤肉餐吧

凡来店消费凭本券可免费获赠台湾红曲香肠一份

地址：朝阳区工体东路 2 号中国红街大厦 3 号楼 1 楼 111 室
（工体东门斜对面）
电话：15210064588

百里香 Thyme ONE 食尚餐厅

本券以代金券形式使用
凡午餐时段来店消费，凭此券可抵 20 元现金
凡晚餐时段来店消费，凭本券可抵 10 元现金
* 代金券价值不超过消费总额的 50% 方可使用

地址：朝阳区广渠门外大街甲 31 号合生国际 24 号楼 109 号
（双井麦乐迪西侧）
电话：010—87721883

使用说明

* 本券有效期自出书之日起至 2015 年 4 月 30 日，过期无效
* 本券只限于在店内消费时使用
* 本券仅限使用一次，限一桌就餐，享受优惠的同时本券将被收回
* 本券不可与店内任何优惠促销活动同享
* 本券不得兑换现金，不设找零
* 如无备注，各连锁店通用本券

如有未尽事宜请咨询店内服务人员

使用说明

* 本券有效期自出书之日起至 2015 年 4 月 30 日，过期无效
* 本券只限于在店内消费时使用
* 本券仅限使用一次，限一桌就餐，享受优惠的同时本券将被收回
* 本券不可与店内任何优惠促销活动同享
* 本券不得兑换现金，不设找零
* 如无备注，各连锁店通用本券

如有未尽事宜请咨询店内服务人员

使用说明

* 本券有效期自出书之日起至 2015 年 4 月 30 日，过期无效
* 本券只限于在店内消费时使用
* 本券仅限使用一次，限一桌就餐，享受优惠的同时本券将被收回
* 本券不可与店内任何优惠促销活动同享
* 本券不得兑换现金，不设找零
* 如无备注，各连锁店通用本券

如有未尽事宜请咨询店内服务人员

使用说明

* 本券有效期自出书之日起至 2015 年 4 月 30 日，过期无效
* 本券只限于在店内消费时使用
* 本券仅限使用一次，限一桌就餐，享受优惠的同时本券将被收回
* 本券不可与店内任何优惠促销活动同享
* 本券不得兑换现金，不设找零
* 如无备注，各连锁店通用本券

如有未尽事宜请咨询店内服务人员

渡金湖

凡来店消费凭本券可免费
获赠百香果荔枝冰山一份

地址：朝阳区太古里北区 N4—36/37
电话：010—64179090

La Docle Vita
甜蜜生活

凡来店消费凭本券可享受 9 折优惠（除特殊套餐）
＊圣诞节、情人节等特殊节日不可使用

地址：朝阳区新源西里中街 8 号（近左家庄高架桥）
电话：010—64682894

Rocking Horse
骉 · 轻食

凡来店消费凭本券可免费获赠杯子蛋糕一个

地址：朝阳区新源街 45—1 号（京城大厦向北 100 米）
电话：010—53639919

一坐一忘
丽江主题餐厅

本券以代金券形式使用
凡来店消费满 100 元（含）以上，凭本券可抵 20 元现金

地址：朝阳区三里屯北小街 1 号
电话：010—84540086

使用说明

* 本券有效期自出书之日起至 2015 年 4 月 30 日，过期无效
* 本券只限于在店内消费时使用
* 本券仅限使用一次，限一桌就餐，享受优惠的同时本券将被收回
* 本券不可与店内任何优惠促销活动同享
* 本券不得兑换现金，不设找零
* 如无备注，各连锁店通用本券

如有未尽事宜请咨询店内服务人员

使用说明

* 本券有效期自出书之日起至 2015 年 4 月 30 日，过期无效
* 本券只限于在店内消费时使用
* 本券仅限使用一次，限一桌就餐，享受优惠的同时本券将被收回
* 本券不可与店内任何优惠促销活动同享
* 本券不得兑换现金，不设找零
* 如无备注，各连锁店通用本券

如有未尽事宜请咨询店内服务人员

使用说明

* 本券有效期自出书之日起至 2015 年 4 月 30 日，过期无效
* 本券只限于在店内消费时使用
* 本券仅限使用一次，限一桌就餐，享受优惠的同时本券将被收回
* 本券不可与店内任何优惠促销活动同享
* 本券不得兑换现金，不设找零
* 如无备注，各连锁店通用本券

如有未尽事宜请咨询店内服务人员

使用说明

* 本券有效期自出书之日起至 2015 年 4 月 30 日，过期无效
* 本券只限于在店内消费时使用
* 本券仅限使用一次，限一桌就餐，享受优惠的同时本券将被收回
* 本券不可与店内任何优惠促销活动同享
* 本券不得兑换现金，不设找零
* 如无备注，各连锁店通用本券

如有未尽事宜请咨询店内服务人员

泓泰阳

凡来店消费凭本券可享受全单 8.8 折优惠
（除酒水、海鲜）

地址：朝阳区三间房南里 4 号院（1919 小剧场对面）
电话：010—65715556

一轩饺子馆

本券以代金券形式使用
凡来店消费凭本券可抵 20 元现金

地址：朝阳区将台路 6 号丽都维景饭店乡村俱乐部 101 室
电话：010—64321288

五代羊倌

凡来店消费凭本券可享受全单 9 折优惠

地址：海淀区苏州街 29 号院权品院内（八一中学北）
电话：010—62657166

三摩地

凡来店消费凭本券可享受全单 8.8 折优惠
（除酒水、主食）

地址：朝阳区新源南路 16 号世方豪庭 2 楼
电话：010—84531644

使用说明

* 本券有效期自出书之日起至 2015 年 4 月 30 日，过期无效
* 本券只限于在店内消费时使用
* 本券仅限使用一次，限一桌就餐，享受优惠的同时本券将被收回
* 本券不可与店内任何优惠促销活动同享
* 本券不得兑换现金，不设找零
* 如无备注，各连锁店通用本券

如有未尽事宜请咨询店内服务人员

三人聚餐

使用说明

* 本券有效期自出书之日起至 2015 年 4 月 30 日，过期无效
* 本券只限于在店内消费时使用
* 本券仅限使用一次，限一桌就餐，享受优惠的同时本券将被收回
* 本券不可与店内任何优惠促销活动同享
* 本券不得兑换现金，不设找零
* 如无备注，各连锁店通用本券

如有未尽事宜请咨询店内服务人员

三人聚餐

使用说明

* 本券有效期自出书之日起至 2015 年 4 月 30 日，过期无效
* 本券只限于在店内消费时使用
* 本券仅限使用一次，限一桌就餐，享受优惠的同时本券将被收回
* 本券不可与店内任何优惠促销活动同享
* 本券不得兑换现金，不设找零
* 如无备注，各连锁店通用本券

如有未尽事宜请咨询店内服务人员

三人聚餐

使用说明

* 本券有效期自出书之日起至 2015 年 4 月 30 日，过期无效
* 本券只限于在店内消费时使用
* 本券仅限使用一次，限一桌就餐，享受优惠的同时本券将被收回
* 本券不可与店内任何优惠促销活动同享
* 本券不得兑换现金，不设找零
* 如无备注，各连锁店通用本券

如有未尽事宜请咨询店内服务人员

三人聚餐

乌巢比萨主题餐厅

本券以代金券形式使用
凡来店消费凭本券可抵 20 元现金
* 本券仅限购买比萨时使用（除比萨卷、小比萨）

📍 地址：朝阳区工体北路 4 号院机电研究院内
电话：010—85236655

官也街澳门火锅

凡来店消费凭本券可享受 9 折优惠
（除酒水、海鲜、特价菜品），另免费获赠甜品一份
* 甜品以店内当日实际提供为准

📍 地址：东城区东直门内大街 9 号 NAGA 上院公寓一层
电话：010—84078842

爱江山

凡来店消费凭本券可享受全单 9 折优惠（除酒水）

📍 地址：海淀区正福寺 2 号板井路网球场内
电话：010—52721020

饭前饭后

本券以代金券形式使用
凭本券在饭前饭后台湾菜以及名人家传菜餐厅消费，
购买名人菜可抵扣 30 元现金
* 本活动限北京地区使用

📍 地址：东城区东四十条 22 号南新仓文化休闲街内（近东门仓胡同）
电话：010—64096978

使用说明

* 本券有效期自出书之日起至 2015 年 4 月 30 日，过期无效
* 本券只限于在店内消费时使用
* 本券仅限使用一次，限一桌就餐，享受优惠的同时本券将被收回
* 本券不可与店内任何优惠促销活动同享
* 本券不得兑换现金，不设找零
* 如无备注，各连锁店通用本券

如有未尽事宜请咨询店内服务人员

三人聚餐

使用说明

* 本券有效期自出书之日起至 2015 年 4 月 30 日，过期无效
* 本券只限于在店内消费时使用
* 本券仅限使用一次，限一桌就餐，享受优惠的同时本券将被收回
* 本券不可与店内任何优惠促销活动同享
* 本券不得兑换现金，不设找零
* 如无备注，各连锁店通用本券

如有未尽事宜请咨询店内服务人员

三人聚餐

使用说明

* 本券有效期自出书之日起至 2015 年 4 月 30 日，过期无效
* 本券只限于在店内消费时使用
* 本券仅限使用一次，限一桌就餐，享受优惠的同时本券将被收回
* 本券不可与店内任何优惠促销活动同享
* 本券不得兑换现金，不设找零
* 如无备注，各连锁店通用本券

如有未尽事宜请咨询店内服务人员

三人聚餐

使用说明

* 本券有效期自出书之日起至 2015 年 4 月 30 日，过期无效
* 本券只限于在店内消费时使用
* 本券仅限使用一次，限一桌就餐，享受优惠的同时本券将被收回
* 本券不可与店内任何优惠促销活动同享
* 本券不得兑换现金，不设找零
* 如无备注，各连锁店通用本券

如有未尽事宜请咨询店内服务人员

三人聚餐

东方餐厅

凡来店购买阿龙排骨、麻酱糖饼凭此券
可享受八折优惠

📍 地址：朝阳区建国门外大街 1 号国贸饭店内
电话：010—65052277—34

大董

凡来店消费凭本券可免费获赠 4 只装 DD 蛋挞一盒
* 本活动限大董各餐厅使用（小大董餐厅除外）

📍 地址：朝阳区团结湖北口三号楼北京大董烤鸭店
电话：010—65824003

新荣记

凡来店消费凭本券可免费获赠价值 38 元的甜品一份
* 甜品以店内当日实际提供为准

📍 地址：西城区金融大街 11 号洲际酒店 B1 楼
电话：010—66180567

寒舍羲和

凡来店消费凭本券可免费获赠
时令鲜榨果蔬汁一杯
* 饮品以店内当日实际提供为准

📍 地址：朝阳区东大桥路 9 号侨福芳草地 1 楼 C 座
电话：010—85188811

使用说明

* 本券有效期自出书之日起至 2015 年 4 月 30 日，过期无效

* 本券只限于在店内消费时使用

* 本券仅限使用一次，限一桌就餐，享受优惠的同时本券将被收回

* 本券不可与店内任何优惠促销活动同享

* 本券不得兑换现金，不设找零

* 如无备注，各连锁店通用本券

如有未尽事宜请咨询店内服务人员

三人聚餐

使用说明

* 本券有效期自出书之日起至 2015 年 4 月 30 日，过期无效

* 本券只限于在店内消费时使用

* 本券仅限使用一次，限一桌就餐，享受优惠的同时本券将被收回

* 本券不可与店内任何优惠促销活动同享

* 本券不得兑换现金，不设找零

* 如无备注，各连锁店通用本券

如有未尽事宜请咨询店内服务人员

几人请客

使用说明

* 本券有效期自出书之日起至 2015 年 4 月 30 日，过期无效

* 本券只限于在店内消费时使用

* 本券仅限使用一次，限一桌就餐，享受优惠的同时本券将被收回

* 本券不可与店内任何优惠促销活动同享

* 本券不得兑换现金，不设找零

* 如无备注，各连锁店通用本券

如有未尽事宜请咨询店内服务人员

几人请客

使用说明

* 本券有效期自出书之日起至 2015 年 4 月 30 日，过期无效

* 本券只限于在店内消费时使用

* 本券仅限使用一次，限一桌就餐，享受优惠的同时本券将被收回

* 本券不可与店内任何优惠促销活动同享

* 本券不得兑换现金，不设找零

* 如无备注，各连锁店通用本券

如有未尽事宜请咨询店内服务人员

几人请客

兰庭厉家菜

凡来店消费凭本券可享受全单 9.5 折优惠（除酒水）

地址：顺义区天竺镇裕祥路 99 号欧陆广场 3 楼 301 号
电话：010—80461748

几人请客

易舍鲁菜餐厅

凡来店消费凭本券可享受全单 9 折优惠
（只限零点，不能用于厅房或宴会）

地址：朝阳区新源南路 2 号昆仑饭店 1 层
电话：010—65903388—5673

几人请客

东方君悦大酒店
长安壹号

凡来店消费凭本券可免费获赠价值 208 元的甜品拼盘一份
* 适用于四人及以上同行用餐

地址：东城区东长安街甲 1 号北京东方君悦大酒店 1 楼
电话：010—65109608

几人请客

京兆尹

凡四位及以上宾客共乘一台车或使用公共交通工具至店
消费，凭本券可享受四人同行一人免单的优惠（每日限
接待十桌）
凡预约京兆尹蔬食寿宴，凭本券可获赠寿桃或生日蛋糕
一个，长寿面每人一份

地址：东城区五道营胡同 2 号（雍和宫桥南 150 米路西）
电话：010—84049191

几人请客

使用说明

* 本券有效期自出书之日起至 2015 年 4 月 30 日，过期无效
* 本券只限于在店内消费时使用
* 本券仅限使用一次，限一桌就餐，享受优惠的同时本券将被收回
* 本券不可与店内任何优惠促销活动同享
* 本券不得兑换现金，不设找零
* 如无备注，各连锁店通用本券

如有未尽事宜请咨询店内服务人员

几人请客

使用说明

* 本券有效期自出书之日起至 2015 年 4 月 30 日，过期无效
* 本券只限于在店内消费时使用
* 本券仅限使用一次，限一桌就餐，享受优惠的同时本券将被收回
* 本券不可与店内任何优惠促销活动同享
* 本券不得兑换现金，不设找零
* 如无备注，各连锁店通用本券

如有未尽事宜请咨询店内服务人员

几人请客

使用说明

* 本券有效期自出书之日起至 2015 年 4 月 30 日，过期无效
* 本券不得兑换现金或其他服务；如实际消费额低于面值，恕不找赎
* 餐饮赠券仅适用于长安壹号
* 本券不适用于酒店特定推广期及特殊节日，包括 12 月 24 日、25 日、31 日及 2 月 14 日
* 本券若有遗失或损坏恕不补发
* 本券如经涂改一律视作无效，伪造本券如经查获将依法追究
* 本券不可与其他优惠一并使用
* 使用本券消费时，将不提供发票
* 北京东方君悦大酒店保留修订及诠释本条款及细则之最终决定权（包括使用、暂停使用和取消此推广活动之所有权利），不需另行通知

如有未尽事宜请咨询店内服务人员

几人请客

使用说明

* 本券有效期自出书之日起至 2015 年 4 月 30 日，过期无效
* 本券只限于在店内消费时使用
* 本券仅限使用一次，限一桌就餐，享受优惠的同时本券将被收回
* 本券不可与店内任何优惠促销活动同享
* 本券不得兑换现金，不设找零
* 如无备注，各连锁店通用本券

如有未尽事宜请咨询店内服务人员

几人请客

苏泰辣椒

凡来店消费凭本券可免费获赠黄咖喱牛腩和甜品一份
* 甜品以店内当日实际提供为准

地址：朝阳区麦子店西街三全公寓一层
电话：010—65077326

小辣椒重庆老火锅

凡来店消费凭本券可享受全单 9 折优惠
（除锅底、酒水）

地址：东城区东直门内大街 266 号（近北新桥路口）
电话：18810222702

老街兔盐帮菜

凡来店消费凭本券可享受全单 8.8 折优惠（除酒水），
另免费获赠果盘一份
* 果盘以店内当日实际提供为准

地址：东城区东直门外新中街甲 1 号（东方银座东侧）
电话：010—64172399

螺师傅 柳州螺蛳粉

凡来店购买价值 22 元的螺蛳粉，
凭本券可免费获赠价值 6 元的甜品一份
* 甜品以店内当日实际提供为准

地址：朝阳区朝阳门外大街 26 号朝外 MEN 雅宝商城底商
　　　（昆泰大厦对面）
电话：010—85653818

使用说明

* 本券有效期自出书之日起至 2015 年 4 月 30 日，过期无效
* 本券只限于在店内消费时使用
* 本券仅限使用一次，限一桌就餐，享受优惠的同时本券将被收回
* 本券不可与店内任何优惠促销活动同享
* 本券不得兑换现金，不设找零
* 如无备注，各连锁店通用本券

如有未尽事宜请咨询店内服务人员

使用说明

* 本券有效期自出书之日起至 2015 年 4 月 30 日，过期无效
* 本券只限于在店内消费时使用
* 本券仅限使用一次，限一桌就餐，享受优惠的同时本券将被收回
* 本券不可与店内任何优惠促销活动同享
* 本券不得兑换现金，不设找零
* 如无备注，各连锁店通用本券

如有未尽事宜请咨询店内服务人员

使用说明

* 本券有效期自出书之日起至 2015 年 4 月 30 日，过期无效
* 本券只限于在店内消费时使用
* 本券仅限使用一次，限一桌就餐，享受优惠的同时本券将被收回
* 本券不可与店内任何优惠促销活动同享
* 本券不得兑换现金，不设找零
* 如无备注，各连锁店通用本券

如有未尽事宜请咨询店内服务人员

使用说明

* 本券有效期自出书之日起至 2015 年 4 月 30 日，过期无效
* 本券只限于在店内消费时使用
* 本券仅限使用一次，限一桌就餐，享受优惠的同时本券将被收回
* 本券不可与店内任何优惠促销活动同享
* 本券不得兑换现金，不设找零
* 如无备注，各连锁店通用本券

如有未尽事宜请咨询店内服务人员

湘肠香火锅店

凡来店消费凭本券可享受全单 9.5 折优惠
* 本活动限白云桥店使用

地址：朝阳区姚家园路团结湖东里甲 3—1 号
（妇幼保健医院街对面西侧）
电话：010—85966628

一麻一辣麻辣香锅

本券以代金券形式使用
凡来店消费满 100 元（含）以上，
凭本券可抵 30 元现金

地址：朝阳区朝阳北路 101 号朝阳大悦城 6 楼 F15 号铺
电话：010—85520001

木屋烧烤

凡来店消费凭本券可免费获赠香辣羊蹄两只

地址：朝阳区金蝉西路甲 1 号酷车小镇（近欢乐谷）
电话：010—67497577

味爱普思牛排馆

凡来店消费凭本券可免费获赠红酒一杯

地址：朝阳区将台西路 9—8 号 CJ Food World 2 楼（近珀丽酒店）
电话：010—84571997

使用说明

* 本券有效期自出书之日起至 2015 年 4 月 30 日，过期无效
* 本券只限于在店内消费时使用
* 本券仅限使用一次，限一桌就餐，享受优惠的同时本券将被收回
* 本券不可与店内任何优惠促销活动同享
* 本券不得兑换现金，不设找零
* 如无备注，各连锁店通用本券
如有未尽事宜请咨询店内服务人员

使用说明

* 本券有效期自出书之日起至 2015 年 4 月 30 日，过期无效
* 本券只限于在店内消费时使用
* 本券仅限使用一次，限一桌就餐，享受优惠的同时本券将被收回
* 本券不可与店内任何优惠促销活动同享
* 本券不得兑换现金，不设找零
* 如无备注，各连锁店通用本券
如有未尽事宜请咨询店内服务人员

使用说明

* 本券有效期自出书之日起至 2015 年 4 月 30 日，过期无效
* 本券只限于在店内消费时使用
* 本券仅限使用一次，限一桌就餐，享受优惠的同时本券将被收回
* 本券不可与店内任何优惠促销活动同享
* 本券不得兑换现金，不设找零
* 如无备注，各连锁店通用本券
如有未尽事宜请咨询店内服务人员

使用说明

* 本券有效期自出书之日起至 2015 年 4 月 30 日，过期无效
* 本券只限于在店内消费时使用
* 本券仅限使用一次，限一桌就餐，享受优惠的同时本券将被收回
* 本券不可与店内任何优惠促销活动同享
* 本券不得兑换现金，不设找零
* 如无备注，各连锁店通用本券
如有未尽事宜请咨询店内服务人员

齐鲁人家

凡来店消费凭本券可享受 8.8 折优惠
（除酒水、特价菜品和高档海鲜类菜品）

 地址：朝阳区安定门外大街安华里 2 区 5 号楼底商
（近中国木偶剧院）
电话：010—64262288

神烤

本券以代金券形式使用
凡来店消费凭本券可抵 50 元现金

 地址：朝阳区工体西路 9 号（光彩国际公寓对面）
电话：010—65526392

爆肚金生隆

凡来店消费凭本券可享受全单 9 折优惠

 地址：西城区德外安德路六铺炕 1 区 6 号楼南侧
电话：010—65279051

花家地甲 7 号

凡来店消费凭本券可享受全单 9 折优惠

 地址：朝阳区阜通东大街（宜家家居对面）
电话：010—64740366

使用说明

* 本券有效期自出书之日起至 2015 年 4 月 30 日，过期无效
* 本券只限于在店内消费时使用
* 本券仅限使用一次，限一桌就餐，享受优惠的同时本券将被收回
* 本券不可与店内任何优惠促销活动同享
* 本券不得兑换现金，不设找零
* 如无备注，各连锁店通用本券

如有未尽事宜请咨询店内服务人员

使用说明

* 本券有效期自出书之日起至 2015 年 4 月 30 日，过期无效
* 本券只限于在店内消费时使用
* 本券仅限使用一次、限一桌就餐，享受优惠的同时本券将被收回
* 本券不可与店内任何优惠促销活动同享
* 本券不得兑换现金，不设找零
* 如无备注，各连锁店通用本券

如有未尽事宜请咨询店内服务人员

使用说明

* 本券有效期自出书之日起至 2015 年 4 月 30 日，过期无效
* 本券只限于在店内消费时使用
* 本券仅限使用一次，限一桌就餐，享受优惠的同时本券将被收回
* 本券不可与店内任何优惠促销活动同享
* 本券不得兑换现金，不设找零
* 如无备注，各连锁店通用本券

如有未尽事宜请咨询店内服务人员

使用说明

* 本券有效期自出书之日起至 2015 年 4 月 30 日，过期无效
* 本券只限于在店内消费时使用
* 本券仅限使用一次，限一桌就餐，享受优惠的同时本券将被收回
* 本券不可与店内任何优惠促销活动同享
* 本券不得兑换现金，不设找零
* 如无备注，各连锁店通用本券

如有未尽事宜请咨询店内服务人员

Café Flatwhite

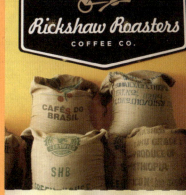

凡来店购买 Flatwhite 招牌咖啡，
凭本券享受半价优惠

地址：朝阳区酒仙桥路 4 号 798 艺术区 751D—Pak
时尚设计广场 A9—T 座
电话：010—84599678

CCSweets 创意蛋糕

凡来店购买满 6 个杯子蛋糕（含 6 个），
凭本券可免费获赠饼干、糖果等小吃
* 饼干、糖果等小吃以店内当日实际提供为准

地址：朝阳区新城国际 11 号楼 109 号底商
电话：010—65336973

Flamme

本券以代金券形式使用
凡来店消费凭本券可抵 50 元现金
* 法定以及特殊节假日不可使用

地址：朝阳区三里屯路 19 号院三里屯太古里南区 4 号楼
3 楼 S4—33 号
电话：010—64178608

MS Bonbon Café

凡来店消费凭本券可免费获赠樱花宇治抹茶一杯
* 本活动限三里屯太古里店、国贸财富购物中心店使用

地址：朝阳区三里屯路 11 号三里屯太古里北区 B1 楼 NLG—326 号
电话：010—64153955

使用说明

* 本券有效期自出书之日起至 2015 年 4 月 30 日，过期无效
* 本券只限于在店内消费时使用
* 本券仅限使用一次，限一桌就餐，享受优惠的同时本券将被收回
* 本券不可与店内任何优惠促销活动同享
* 本券不得兑换现金，不设找零
* 如无备注，各连锁店通用本券
如有未尽事宜请咨询店内服务人员

使用说明

* 本券有效期自出书之日起至 2015 年 4 月 30 日，过期无效
* 本券只限于在店内消费时使用
* 本券仅限使用一次，限一桌就餐，享受优惠的同时本券将被收回
* 本券不可与店内任何优惠促销活动同享
* 本券不得兑换现金，不设找零
* 如无备注，各连锁店通用本券
如有未尽事宜请咨询店内服务人员

使用说明

* 本券有效期自出书之日起至 2015 年 4 月 30 日，过期无效
* 本券只限于在店内消费时使用
* 本券仅限使用一次，限一桌就餐，享受优惠的同时本券将被收回
* 本券不可与店内任何优惠促销活动同享
* 本券不得兑换现金，不设找零
* 如无备注，各连锁店通用本券
如有未尽事宜请咨询店内服务人员

使用说明

* 本券有效期自出书之日起至 2015 年 4 月 30 日，过期无效
* 本券只限于在店内消费时使用
* 本券仅限使用一次，限一桌就餐，享受优惠的同时本券将被收回
* 本券不可与店内任何优惠促销活动同享
* 本券不得兑换现金，不设找零
* 如无备注，各连锁店通用本券
如有未尽事宜请咨询店内服务人员

Cafe De SOFA

凡来店购买普通款奶酪茶，
凭本券可免费升级为双份奶酪茶

地址：西城区银锭桥胡同 12 号
电话：010—62032905

昆仑饭店岩花园走廊

凡来店消费凭本券可享受全单 9 折优惠
（只限零点，不能用于厅房或宴会）

地址：朝阳区新源南路 2 号昆仑饭店 1/2 层
电话：010—65903388—6714

芝士青年

凡来店消费凭本券可享受全单 9 折优惠

地址：东城区鼓楼东大街 141 号二层（南锣鼓巷北口西 50 米）
电话：010—64017164

八条一号餐厅

凡来店消费凭本券可免费获赠营养红果汤一份

地址：西城区西四北八条一号平安里路口
电话：010—66166292

使用说明

* 本券有效期自出书之日起至 2015 年 4 月 30 日，过期无效
* 本券只限于在店内消费时使用
* 本券仅限使用一次，限一桌就餐，享受优惠的同时本券将被收回
* 本券不可与店内任何优惠促销活动同享
* 本券不得兑换现金，不设找零
* 如无备注，各连锁店通用本券
如有未尽事宜请咨询店内服务人员

使用说明

* 本券有效期自出书之日起至 2015 年 4 月 30 日，过期无效
* 本券只限于在店内消费时使用
* 本券仅限使用一次，限一桌就餐，享受优惠的同时本券将被收回
* 本券不可与店内任何优惠促销活动同享
* 本券不得兑换现金，不设找零
* 如无备注，各连锁店通用本券
如有未尽事宜请咨询店内服务人员

使用说明

* 本券有效期自出书之日起至 2015 年 4 月 30 日，过期无效
* 本券只限于在店内消费时使用
* 本券仅限使用一次，限一桌就餐，享受优惠的同时本券将被收回
* 本券不可与店内任何优惠促销活动同享
* 本券不得兑换现金，不设找零
* 如无备注，各连锁店通用本券
如有未尽事宜请咨询店内服务人员

使用说明

* 本券有效期自出书之日起至 2015 年 4 月 30 日，过期无效
* 本券只限于在店内消费时使用
* 本券仅限使用一次，限一桌就餐，享受优惠的同时本券将被收回
* 本券不可与店内任何优惠促销活动同享
* 本券不得兑换现金，不设找零
* 如无备注，各连锁店通用本券
如有未尽事宜请咨询店内服务人员

吃面 Noodle In

凡来店消费凭本券可享受全单 8.8 折优惠
任意一款鸡尾酒买一送一
生日当天凭身份证到店可免费获赠寿星面一碗

地址：东城区鼓楼东大街 81 号（小经厂胡同口内 15 米）
电话：010—84023180

胡同四十四号厨房

凡来店消费凭本券可享受全单 9 折优惠（除酒水）

地址：西城区德胜门内大街 70 号（近宋庆龄故居）
电话：010—64001280

桂公府凤凰阁鸭王

凡来店消费凭本券可享受 9 折优惠
（除酒水、香烟、燕鲍翅）

地址：东城区朝内南小街芳园嘉园胡同 11 号
电话：010—85112223

菊儿人家

凡来店消费满 50 元（含）以上，
可免费获赠自产饮料一杯
* 自产饮料以店内当日实际提供为准

地址：东城区南锣鼓巷小菊儿胡同 63 号（近南锣鼓巷北口）
电话：010—64008117

使用说明

* 本券有效期自出书之日起至 2015 年 4 月 30 日，过期无效
* 本券只限于在店内消费时使用
* 本券仅限使用一次，限一桌就餐，享受优惠的同时本券将被收回
* 本券不可与店内任何优惠促销活动同享
* 本券不得兑换现金，不设找零
* 如无备注，各连锁店通用本券

如有未尽事宜请咨询店内服务人员

使用说明

* 本券有效期自出书之日起至 2015 年 4 月 30 日，过期无效
* 本券只限于在店内消费时使用
* 本券仅限使用一次，限一桌就餐，享受优惠的同时本券将被收回
* 本券不可与店内任何优惠促销活动同享
* 本券不得兑换现金，不设找零
* 如无备注，各连锁店通用本券

如有未尽事宜请咨询店内服务人员

使用说明

* 本券有效期自出书之日起至 2015 年 4 月 30 日，过期无效
* 本券只限于在店内消费时使用
* 本券仅限使用一次，限一桌就餐，享受优惠的同时本券将被收回
* 本券不可与店内任何优惠促销活动同享
* 本券不得兑换现金，不设找零
* 如无备注，各连锁店通用本券

如有未尽事宜请咨询店内服务人员

使用说明

* 本券有效期自出书之日起至 2015 年 4 月 30 日，过期无效
* 本券只限于在店内消费时使用
* 本券仅限使用一次，限一桌就餐，享受优惠的同时本券将被收回
* 本券不可与店内任何优惠促销活动同享
* 本券不得兑换现金，不设找零
* 如无备注，各连锁店通用本券

如有未尽事宜请咨询店内服务人员

Life List

凡来店消费凭本券可享受 9.5 折优惠（除酒水）

地址：东城区鼓楼东大街大经厂西巷 14 号（南锣鼓巷北口）
电话：010—84028460

Life List

每个人都有一个梦想

Coffee·Bar·Restaurant
10:00am — 10:00pm   8610 8402 8460

埃蒙小镇

凡来店消费凭本券可享受 9 折优惠（除酒水、客家菜）

地址：东城区雍和宫方家胡同 46 号 G 座（近国子监）
电话：010—64001725

张记涮肉

凡来店消费满 120 元（含）以上，凭本券可免费获赠饮料一罐
凡来店消费满 150 元（含）以上，凭本券可免费获赠五星五年陈酿一瓶
凡来店消费满 300 元（含）以上，凭本券可免费获赠时令小吃一份
凡来店消费满 500 元（含）以上，凭本券可免费获赠特品鲜肉一盘
* 赠送食品均以店内当日实际提供为准

地址：西城区煤市街 95 号
电话：13391721964

泥庐餐厅

凡来店购买玛格丽特比萨可享受 5 折优惠

地址：东城区国子监街 40 号院内（近国子监街）
电话：010—64018779

使用说明

* 本券有效期自出书之日起至 2015 年 4 月 30 日，过期无效

* 本券只限于在店内消费时使用

* 本券仅限使用一次，限一桌就餐，享受优惠的同时本券将被收回

* 本券不可与店内任何优惠促销活动同享

* 本券不得兑换现金，不设找零

* 如无备注，各连锁店通用本券

如有未尽事宜请咨询店内服务人员

尝京味儿

使用说明

* 本券有效期自出书之日起至 2015 年 4 月 30 日，过期无效

* 本券只限于在店内消费时使用

* 本券仅限使用一次，限一桌就餐，享受优惠的同时本券将被收回

* 本券不可与店内任何优惠促销活动同享

* 本券不得兑换现金，不设找零

* 如无备注，各连锁店通用本券

如有未尽事宜请咨询店内服务人员

尝京味儿

使用说明

* 本券有效期自出书之日起至 2015 年 4 月 30 日，过期无效

* 本券只限于在店内消费时使用

* 本券仅限使用一次，限一桌就餐，享受优惠的同时本券将被收回

* 本券不可与店内任何优惠促销活动同享

* 本券不得兑换现金，不设找零

* 如无备注，各连锁店通用本券

如有未尽事宜请咨询店内服务人员

尝京味儿

使用说明

* 本券有效期自出书之日起至 2015 年 4 月 30 日，过期无效

* 本券只限于在店内消费时使用

* 本券仅限使用一次，限一桌就餐，享受优惠的同时本券将被收回

* 本券不可与店内任何优惠促销活动同享

* 本券不得兑换现金，不设找零

* 如无备注，各连锁店通用本券

如有未尽事宜请咨询店内服务人员

尝京味儿

便宜坊烤鸭店

凡来店消费凭本券可免费获赠价值 68 元的杂粮饮品一扎
* 本活动限食府、鲜鱼口店、哈德门店、新世界店、幸福店、航天店、安华店、亦庄博兴店、玉蜓桥店 9 家便宜坊烤鸭店使用。

地址：东城区永内东街中里 15 号
（北京便宜坊烤鸭集团有限公司）
电话：010—67020584

曲园酒楼

凡来店购买东安鸡，凭本券可享受 8.8 折优惠

地址：西城区展览馆路 48 号（近阜外大街）
电话：010—68318502

华天峨嵋酒家

凡来店购买原价 168 元 / 只的樟茶烤鸭，凭此券享受 138 元 / 只

地址：西城区德胜门内大街 262 号（厂桥路口北）
电话：010—66170532

大地西餐厅

凡来店消费凭本券可享受 9 折优惠

地址：西城区西四南大街 44 号（缸瓦市教堂斜对面）
电话：010—66020738

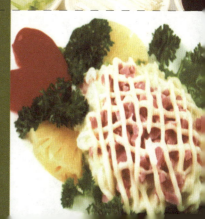